Libro de ejercicios A1

Birgitta Fröhlich
Maruska Mariotta
Petra Pfeifhofer

Klett-Langenscheidt

München

Autores
Birgitta Fröhlich, Maruska Mariotta y Petra Pfeifhofer
Con la colaboración de Michael Koenig, Ute Koithan, Theo Scherling y Hermann Funk

Redacción
CoLibris-Lektorat Dr. Barbara Welzel, Göttingen

Traducción
Pilar Recuero

Diseño gráfico y maqueta
Ilustraciones: Theo Scherling, Múnich; Yo Rühmer, Frankfurt
Configuración y maqueta: Andrea Pfeifer, Múnich
Diseño de cubierta: Bettina Lindenberg, Múnich

Los autores y la editorial agradecen a todos aquellos que examinaron geni@l klick y contribuyeron con sus críticas y valiosas sugerencias al desarrollo de este libro de texto.

 Alemán para jóvenes

A1: Material

Libro del alumno A1 con 2 CD de audio	606280
Libro de ejercicios A1 con 2 CD de audio	606281
Libro de ejercicios A1 con DVD (audio y video)	606282
Libro del profesor A1 con libro del alumno integrado	606283
Material de enseñanza digital A1	606284
Libro de tests A1	606285
Instructor intensivo A1	606286
Video-DVD A1	606290
Glosario alemán-inglés A1	606287
Glosario alemán-italiano A1	606288
Glosario alemán-español A1	606289
Ejercicios interactivos para pizarras digitales A1	606292

Visítenos en Internet:
www.klett-langenscheidt.de/genialklick

1. Auflage   1 ⁶ ⁵ ⁴ ³ ² | 2017 16 15 14

© Klett-Langenscheidt GmbH, München, 2013
Primera edición 2012 a Langenscheidt KG, Berlin y Múnich
La obra y todas sus partes están protegidas por derechos de autor. Cualquier uso distinto a los casos establecidos por ley exige la autorización previa por escrito de la editorial.

Maquetación: kaltnermedia GmbH, Bobingen, edición en español: bookwise GmbH, Múnich
Producción: Print Consult GmbH, München

ISBN 978-3-12-606295-4

Willkommen im Arbeitsbuch zu geni@l klick!

Inhalt

Dein Arbeitsbuch		4
1	Was weißt du über D – A – CH?	8
2	Die Medien-AG	15
3	Mein Schulalltag	23
4	Schule … Schule … Schule	31
P1	**Testtraining**	**39**
5	Meine Lieblingstiere	45
6	Lust auf Freizeit?	53
7	Was ich alles mache …	61
8	Meine Familie – unser Zuhause	69
P2	**Testtraining**	**77**
9	Alles Gute!	83
10	Meine Stadt	91
11	Wir fahren weg!	99
12	Mein Vater ist Polizist	107
P3	**Testtraining**	**115**
Videotrainer		121
Sprache im Arbeitsbuch		127
Lösungen		128
Quellen		136

Símbolos utilizados en el libro de ejercicios

 Escuchar CD
1.2 (CD1, pista 2)

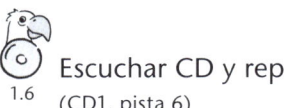 Escuchar CD y repetir
1.6 (CD1, pista 6)

🔔🔔 Trabajar en grupo

 Atención: ¡tarea difícil!

 Comparar idiomas

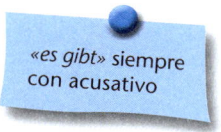 Te dará una pequeña ayuda.

«es gibt» siempre con acusativo

Dein Arbeitsbuch zu geni@l klick

Querido alumno, querida alumna:

¡Vas a aprender alemán con **geni@l klick!**

El **libro del alumno (KB)** lo utilizarás siempre en clase y el **libro de ejercicios (AB)** principalmente en casa. Cada **doble página del libro de ejercicios** se corresponde con una **doble página del libro del alumno**. Esto te ayudará a orientarte. Un ejemplo: libro del alumno pág. 16/17 y libro de ejercicios pág. 16/17.

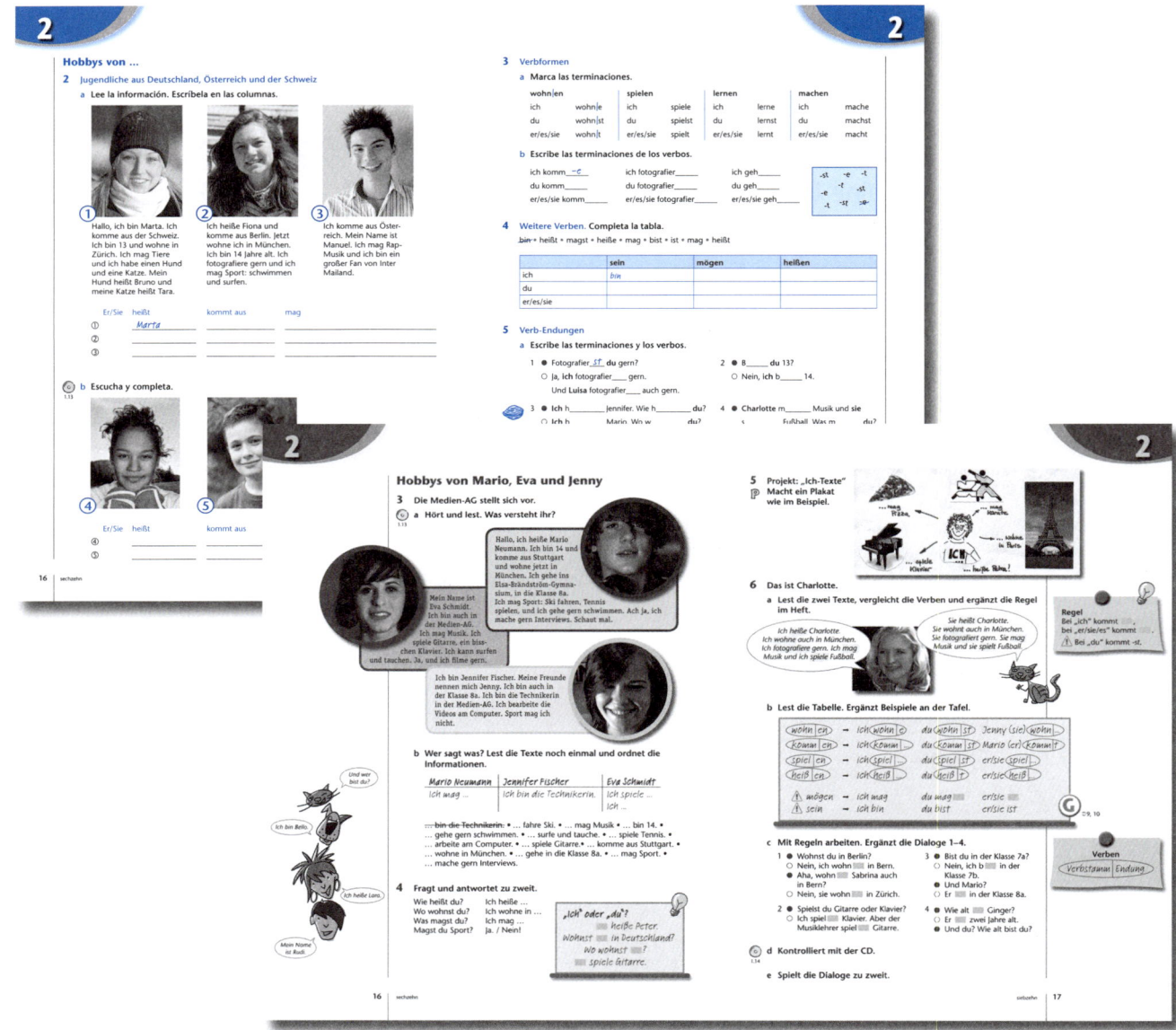

Tipp 1: Al hacer los deberes, trabaja siempre con la doble página del libro del alumno y la del libro de ejercicios.

Tipp 2: Escribe siempre primero con un lápiz. Así podrás comprobar el resultado y corregirlo con la goma de borrar.

Zu zweit arbeiten

En el libro de ejercicios también hay algunos ejercicios o tareas que tienen que realizarse en parejas, mejor en clase. Las reconocerás por este símbolo 👥.

Tipp: Lo mejor es preparar los diálogos y repetirlos en voz alta en casa. Aunque sería mejor aún si pudieras practicar junto con otro alumno. Entre dos, todo es más fácil.

---

13 Dialoge schreiben und sprechen. Escribid y decid los diálogos en parejas.

- ● du? – heißt – Wie   _Wie heißt du?_
- ○ heiße – du? – Ich – Marco. – Und _____
- ● Janine. – ist – Name – Mein _____
- ○ du – „Tokio Hotel"? – Magst – die Band _____
- ● und – Ja, – du? _____

Imitieren und Nachsprechen

La imitación y repetición ayudan en el aprendizaje del alemán. El símbolo «papagayo» 🦜 significa: escucha el CD y repite las palabras y frases. Repite una y otra vez en voz alta (o también en voz baja).

Tipp: Al principio habla despacio y luego más rápido.

8 Begrüßen und Verabschieden

a **Escucha y repite.**

1.5 Hallo • Tschüs • Auf Wiedersehen • Guten Tag • Guten Morgen • Guten Abend • Bis bald • Tschau

---

Symbol „Nuss"

Los ejercicios con el símbolo «nuez» son normalmente un poco más difíciles de resolver.

Tipp: Tómate un poco más de tiempo y compara siempre los resultados con tus compañeros.

5 Verb-Endungen

a **Escribe las terminaciones y los verbos.**

1. ● Fotografier _st_ du gern?
   ○ Ja, **ich** fotografier____ gern.
   Und **Luisa** fotografier____ auch gern.

2. ● B_____ **du** 13?
   ○ Nein, **ich** b_____ 14.

3. ● **Ich** h_____ Jennifer. Wie h_____ **du**?
   ○ **Ich** b_____ Mario. Wo w_____ **du**?
   ● In München. Und **du**?
   ○ **Ich** w_____ auch in München.

4. ● **Charlotte** m_____ Musik und **sie** s_____ Fußball. Was m_____ **du**?
   ○ **Ich** m_____ auch Musik und **ich** s_____ Tennis.

fünf | 5

Deutsch mit anderen Sprachen vergleichen

Comparar el alemán con otros idiomas resulta interesante y ayuda a comprender.
Además, es una buena estrategia para aprender. ¡Seguro que sabes mucho más de lo que piensas!

10 Wörter international

a Lee acentuando. ¿Con qué idioma se corresponde?

1. salade — Deutsch
   Salat — Englisch
   salad — Französisch

2. mathématique
   mathematics
   Mathematik

b Escucha. Marca el acento.
1.17

Deutsch	Englisch	Italienisch	Spanisch	Französisch
Schokolade	chocolate	cioccolata	chocolate	chocolat
Geografie	geography	geografia	geografía	géographie
Programm	program	programma	programa	programme

„Das kann ich"

Al final de cada capítulo podrás comprobar **sin el profesor** lo que **sabes bien** o **no tan bien**. ☺ 😐 ☹
La flecha ▷ KB/AB S. ... se refiere a ejercicios del libro del alumno (KB) y del libro de ejercicios (AB). Ahí encontrarás ayuda.

Lösungen: Las soluciones a la mayoría de los ejercicios se encuentran en la página 128.

„So lerne und übe ich"

Aquí puedes comprobar si utilizas **estrategias** para aprender. Lo mejor es hablar sobre esto con otros alumnos o también con tu profesor o profesora.

Alles klar!

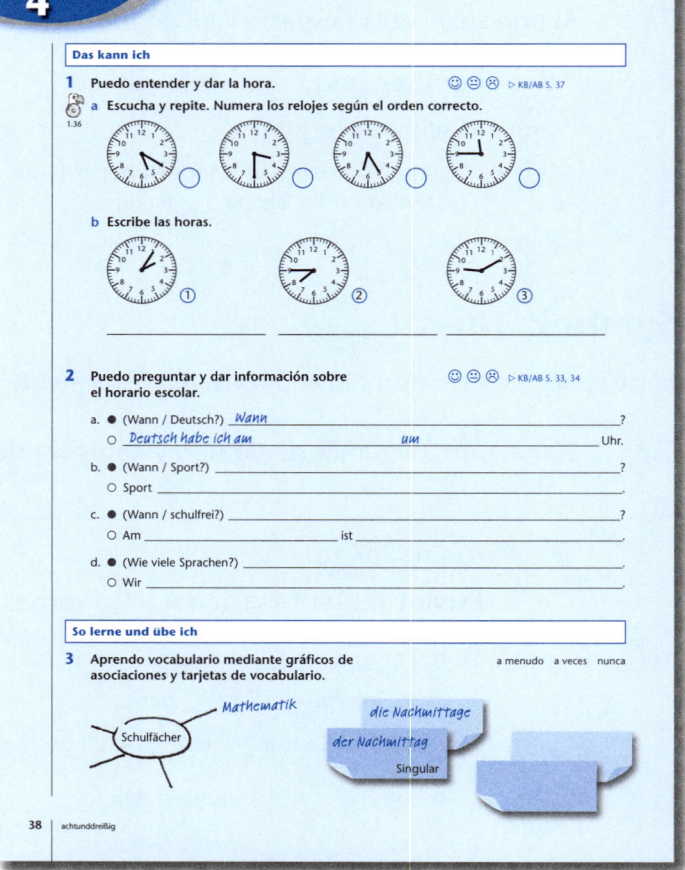

Der Test!

No tengas miedo, te puedes preparar para el examen. En el libro de ejercicios encontrarás en tres ocasiones un auténtico entrenamiento para la prueba: P1, P2 y P3. Practicarás las pruebas del examen para escuchar, leer, hablar y escribir: igual que en el **examen oficial**.

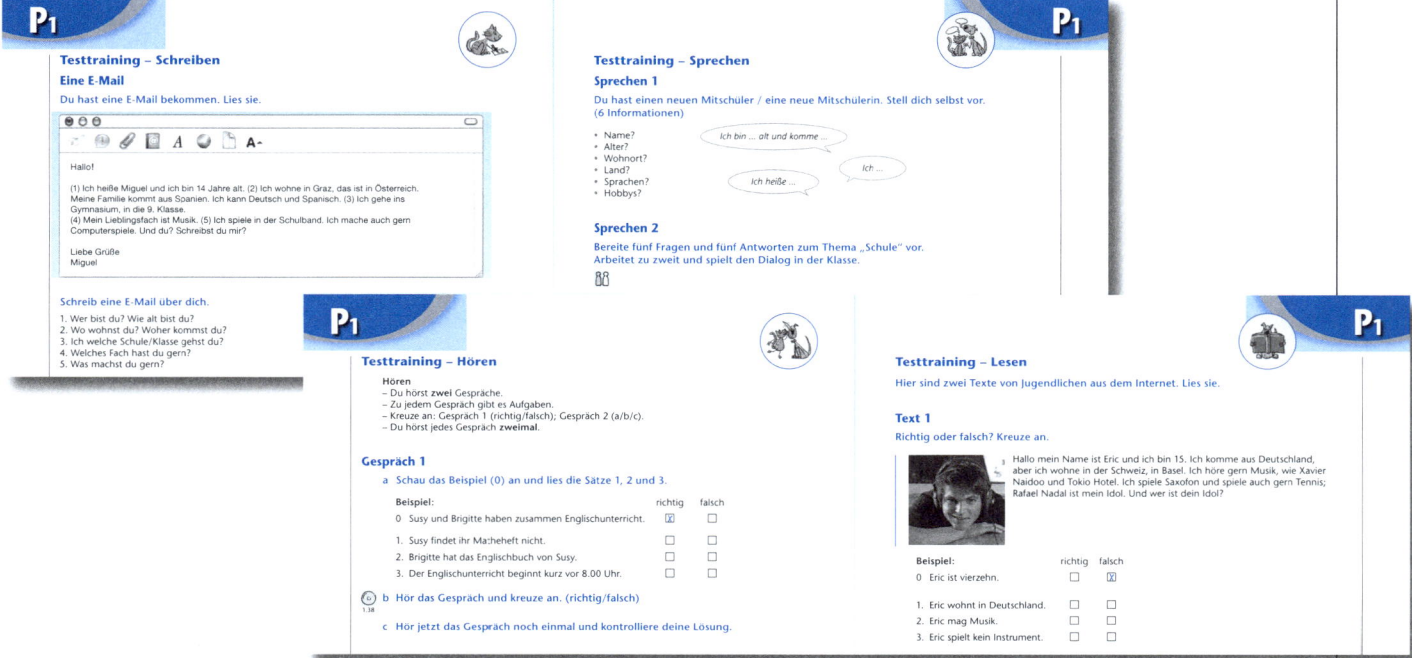

Además, recibirás consejos sobre cómo puedes prepararte para el examen. A continuación, mostramos un ejemplo para el aprendizaje sistemático de vocabulario.

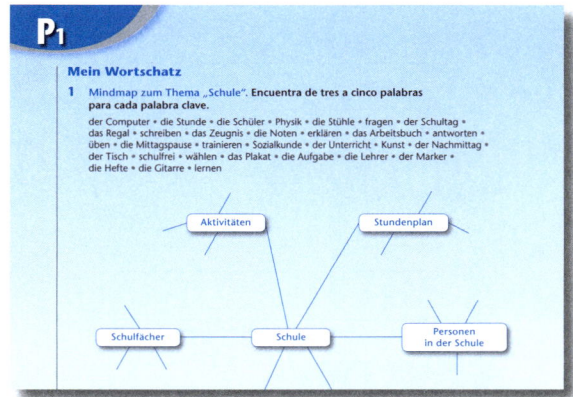

Videotrainer

Geni@l klick también dispone de un interesante video con escenas que corresponden al libro del alumno. En este **video** encontrarás tareas y ejercicios para practicar.

1 Was weißt du über D-A-CH?

1 ¿Cómo se llaman los tres países? Escríbelo.

ÖsterlandeizDeutschreichSchw

_____

_____

_____

2 Was ist das? Wer ist das? **Completa.**

der BMW Z4 • der FC Bayern • der Reichstag • ~~die Band „Tokio Hotel"~~ • das Matterhorn • Albert Einstein

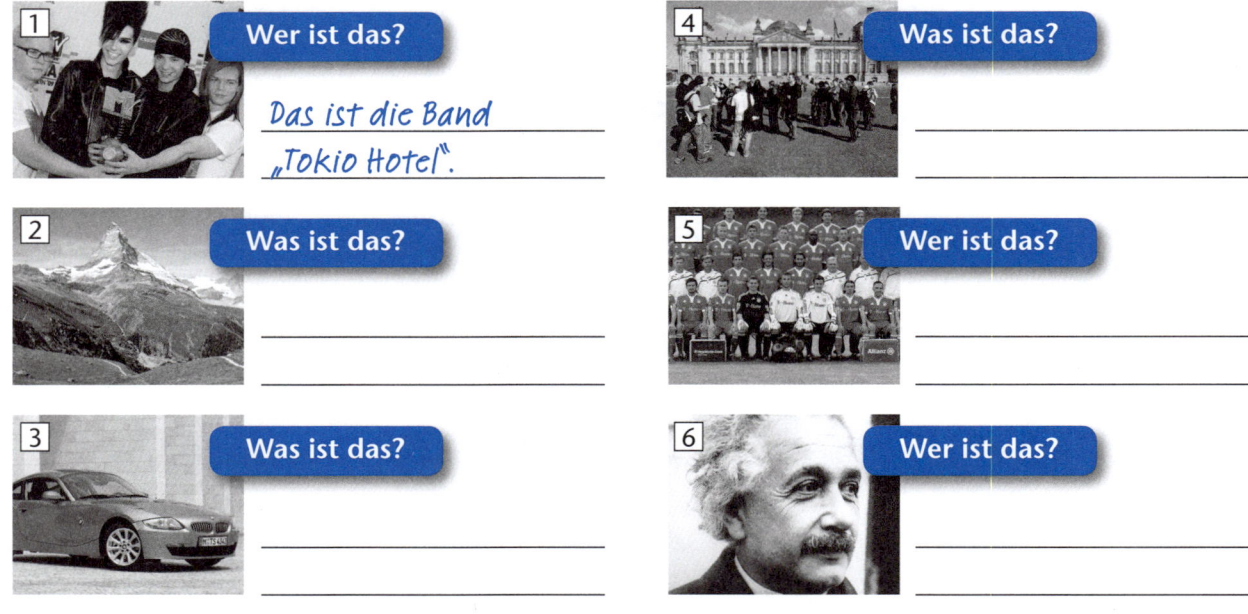

1 Wer ist das?
Das ist die Band „Tokio Hotel".

2 Was ist das?
_____

3 Was ist das?
_____

4 Was ist das?
_____

5 Wer ist das?
_____

6 Wer ist das?
_____

3 Was ist wo? Busca en el mapa D-A-CH del ejercicio 1 y completa: **in Deutschland, in Österreich, in der Schweiz.** (El mapa del libro del alumno te ayudará.)

1. Berlin ist _____
2. Bern ist _in der Schweiz._____ .
3. Wien ist _____
4. München ist _____
5. Basel ist _____
6. Graz ist _____
7. Hamburg ist _____
8. Genf ist _____

4 Wer/Was ist aus …?

1. _Roger Federer_ ist aus _der_ _____
2. _____ ist aus _____
3. _____ ist aus _____
4. _____ ist _____

5 Länder-Personen-Quiz. Tres de estos datos son falsos. Escucha y corrige.

1.2

1. ● Wer ist das?
   ○ Das ist Einstein ~~aus Österreich.~~
      aus der Schweiz.

2. ● Toll, was ist das?
   ○ Das ist das Matterhorn in der Schweiz.
   _____

3. ● Was ist das?
   ○ Das ist der Reichstag in der Schweiz.
   _____

4. ● Wer ist das?
   ○ Das ist Mozart aus Deutschland.
   _____

5. ● Wer ist das?
   ○ Das ist die Band „Tokio Hotel" aus Deutschland.
   _____

6 Zahlen

a Escucha y marca con una cruz.

1.3

☐ 0 ☐ 1 ☒ 2 ☐ 3 ☐ 4 ☐ 5 ☐ 6 ☐ 7 ☐ 8 ☐ 9 ☐ 10 ☐ 11 ☐ 12

b Escucha y repite.

1.4

7 Ordena y escribe los números (1 … 12).

~~zwei~~|fünfsechsachtsiebenzehnzwölfneundreiviereinself

a _____ b _zwei_ c _____ d _____ e _____ f _____
g _____ h _____ i _____ j _____ k _____ l _____

1

Hallo, wie heißt du?

8 Begrüßen und Verabschieden

1.5
a **Escucha y repite.**

Hallo • Tschüs • Auf Wiedersehen • Guten Tag • Guten Morgen • Guten Abend • Bis bald • Tschau

b **Escucha de nuevo. ¿Dónde va cada palabra?**

Begrüßen   Verabschieden

Hallo _____   _____

_____   _____

_____   _____

_____   _____

9 Dialog – Escucha, ordena el diálogo y escríbelo.

1.6

☐ Ja, und du?
☐ Mein Name ist Tom.
☑ Hallo, ich heiße Olli, und du?
☐ Magst du „Tokio Hotel"?
☐ Ich auch.

1 _Hallo, ich_ _____
2 _____
3 _____
4 _____
5 _____

10 Dialog – Escucha y completa.

1.7   Bis • wie geht's • Wiedersehen • Tschüs • Auch gut • Tag • ~~Hallo~~

● ___Hallo___ Luise!
○ Guten _____, Frau Maier, _____ _____?
● Danke gut, und dir Luise?
○ _____ _____, danke.
● _____, Luise. _____ bald.
○ Auf _____, Frau Maier!

10 | zehn

11 Was passt? Relaciona según corresponda.

1. Wie heißt du?
2. Wer ist das?
3. Wie bitte? Kannst du bitte buchstabieren?
4. Was ist das?
5. Wo ist das?

☐ Das ist Roger Federer, aus der Schweiz.
☐ R-O-G-E-R-F-E-D-E-R-E-R
☐ Das ist in Berlin, in Deutschland.
☒ Ich heiße Sophie. *(1)*
☐ Das ist der Reichstag.

12 Dialog – Completa.

Killer • wer • ~~ich~~ • du • heißt

● Hallo, __ich__ heiße Marco, und wie heißt _____?
○ Andreas.
● Und _____ ist das?
○ Das ist Herr _____.
● Wie bitte?
○ Ja, er _____ Herr Killer, Tobias Killer.

13 Dialoge schreiben und sprechen. Escribid y decid los diálogos en parejas.

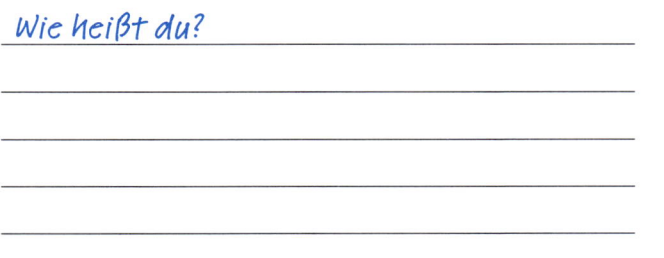

● du? – heißt – Wie   _Wie heißt du?_
○ heiße – du? – Ich – Marco. – Und   _____
● Janine. – ist – Name – Mein   _____
○ du – „Tokio Hotel"? – Magst – die Band   _____
● und – Ja, – du?   _____

● Abend, – Herr – Guten – Schmidt.   _____
○ Olli. – Hallo   _____
● geht's? – Wie   _____
○ dir? – und – gut, – Danke   _____
● danke. – gut, – Auch   _____.

14 Buchstaben. ¿Qué escuchas? Márcalo.

1.8

1. A / **H**
2. E / G
3. C / Z
4. F / V
5. I / J
6. K / H
7. V / W
8. J / Y
9. B / W
10. A / Ä

elf | 11

1

Internationale Wörter

15 „Deutsch ist super!"

 a Escucha la canción. ¿Dónde va cada palabra? Completa.
1.9
~~Radio~~ • Verb • Trapez • Elefant

Deutsch ist super!

1 Deutsch ist super und nicht schwer,
2 hört mal zu, bitte sehr.

3 Gitarre, Trompete, Saxofon,
4 Computer, _Radio_ und Telefon.

5 Tennis, Windsurfen, Basketball,
6 _____, Zylinder und Oval.

7 Salat, Hamburger, Makkaroni,
8 _____, Giraffe und Pony.

9 Präposition, _____, Adjektiv,
10 Pistole, Killer und Detektiv.

11 Alles normal,
12 Deutsch ist super, international.

b Liedtext und Symbole. ¿Con cuál se corresponde? Escribe el número.

  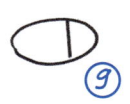 ⑨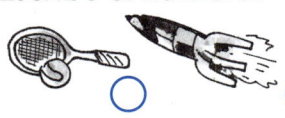

_____ _____ _____ Grammatik _____ _____ _____ _____

c Symbole und internationale Wörter. ¿Con cuál se corresponde?
Escríbelo en el ejercicio b.

Sport • Zoo • Musik • Technik • Essen und Trinken • ~~Grammatik~~ • Geometrie • Krimi

16 Internationale Wörter. ¿Dónde va cada palabra? Escríbelas en la lista.

Snowboard • Band • Chips • Action • Computer • ~~Konzert~~ • Tournee • Turnier • Video • Tennis • Schokolade • CD

Musik	Technik	Essen und Trinken	Filme	Sport
Konzert				

17 Texte und internationale Wörter

a Lee los textos. ¿Qué palabras internacionales comprendes? Márcalas.

A

Im Projekt „Klassik meets Hip-Hop" gibt es Konzerte mit jungen Künstlern – wie das klassische Minguet Quartett und die Hip-Hopper von „einshoch6". Die Band aus München besteht aus klassischen Musikern, Rappern und Popmusikern. Der Star bei „Klassik meets Hip-Hop": der Geiger David Garrett.

B

Das klassische Spiel aus Japan begeistert Millionen Menschen auf der ganzen Welt. Die Spielregeln sind einfach: Die Felder mit den Ziffern von 1–9 füllen. Jede Ziffer, in jeder Spalte, jeder Zeile und jedem Quadrat darf nur 1 Mal (1x) vorkommen.

C

DW-RADIO bietet aktuelle Informationen sowie Interviews, Analysen, Reportagen und Kommentare zu Themen aus Deutschland, Europa und aus der ganzen Welt.

D Filmfestival

Das Dokumentarfilmfestival in Leipzig ist in Deutschland sehr bekannt und schon über 50. Zum 1. Mal gab es ein Sonderprogramm zum afrikanischen Dokumentarfilm.

b Escribe el título de los textos del ejercicio a. Uno no corresponde.

Theaterpremiere   **Information international**

Musikfest extra

Sudoku   ~~Filmfestival~~

1

Das kann ich

1 Puedo preguntar por personas y cosas. ☺ 😐 ☹ ▷ KB/AB S. 8/9 und 11

1. ● _____ heißt du?   ○ Janine.
2. ● _____ ist das?   ○ Ein Auto.
3. ● _____ ist das?   ○ Marco.

2 Puedo saludar a alguien y despedirme. ☺ 😐 ☹ ▷ KB/AB S. 10

Hallo • Danke • Wiedersehen • Tag • Tschüs • wie • gut

● _____ Erika!   ○ Guten _____, Frau Raab, _____ geht's?
● _____, gut, und dir? ○ Danke, auch _____.
● _____, Erika.   ○ Auf _____, Frau Raab.

3 Puedo asegurar la comprensión y deletrear. ☺ 😐 ☹ ▷ KB/AB S. 11

a ¿Cómo se llama ella? Completa el diálogo.
1.10

● Wie heißt sie?   ○ Janine.
● _____?   ○ J – a – n – i – n – e.
● Aha, sie heißt Janine.

b **Números**
1.11

Wie buchstabiert man 1?   Und 2?   Und 10?

e–i–n–s

So lerne und übe ich

4 En un texto busco primero palabras internacionales.   a menudo a veces nunca

Am 12. Februar 2010 wurden in Vancouver die Olympischen Winterspiele eröffnet. Bis zum 28. Februar waren 2700 Sportler aus 82 Nationen auf Medaillenjagd; Ziel des deutschen Teams war Platz 1 in der Nationenwertung.

5 Practico diálogos en voz alta.   a menudo a veces nunca

1.12
● Hallo Herr Roth, wie geht's?
○ Gut, danke, und dir?
● Danke, auch gut, Herr Roth.
○ Tschüs, Lutz.
● Auf Wiedersehen, Herr Roth.

Die Medien-AG

1 Die Medien-AG

a ¿A quién corresponde?
Relaciona las fotos con los nombres.

Eva

Mario

Charlotte

Felix

Jenny

1. Der Computer passt zu *Jenny* _____.
2. Das Mikrofon passt zu _____.
3. Die Videokamera passt zu _____.
4. Die Digitalkamera passt zu _____.
5. Die Lampe passt zu _____.

b **Escribe frases.**

kontrolliert • ~~die Interviews~~ • filmen • fotografiert • Computer

1. Mario macht *die Interviews* _____.
2. Jenny findet _____ toll.
3. Eva kann super _____.
4. Charlotte _____ alles.
5. Felix _____ die Lampen.

Hobbys von ...

2 Jugendliche aus Deutschland, Österreich und der Schweiz

a Lee la información. Escríbela en las columnas.

①
Hallo, ich bin Marta. Ich komme aus der Schweiz. Ich bin 13 und wohne in Zürich. Ich mag Tiere und ich habe einen Hund und eine Katze. Mein Hund heißt Bruno und meine Katze heißt Tara.

②
Ich heiße Fiona und komme aus Berlin. Jetzt wohne ich in München. Ich bin 14 Jahre alt. Ich fotografiere gern und ich mag Sport: schwimmen und surfen.

③
Ich komme aus Österreich. Mein Name ist Manuel. Ich mag Rap-Musik und ich bin ein großer Fan von Inter Mailand.

	Er/Sie	heißt	kommt aus	mag
①		Marta	_____	_____
②		_____	_____	_____
③		_____	_____	_____

b Escucha y completa.
1.13

④

⑤

	Er/Sie	heißt	kommt aus	mag
④		_____	_____	_____
⑤		_____	_____	_____

3 Verbformen

a Marca las terminaciones.

wohn|en		spielen		lernen		machen	
ich	wohn|e	ich	spiele	ich	lerne	ich	mache
du	wohn|st	du	spielst	du	lernst	du	machst
er/es/sie	wohn|t	er/es/sie	spielt	er/es/sie	lernt	er/es/sie	macht

b Escribe las terminaciones de los verbos.

ich komm __-e__   ich fotografier_____   ich geh_____

du komm_____   du fotografier_____   du geh_____

er/es/sie komm_____   er/es/sie fotografier_____ er/es/sie geh_____

> -st   -e   -t
> -e   -t   -st
> -t   -st   ~~-e~~

4 Weitere Verben. Completa la tabla.

~~bin~~ • heißt • magst • heiße • mag • bist • ist • mag • heißt

	sein	mögen	heißen
ich	bin		
du			
er/es/sie			

5 Verb-Endungen

a Escribe las terminaciones y los verbos.

1 ● Fotografier __st__ du gern?
   ○ Ja, **ich** fotografier____ gern.
      Und **Luisa** fotografier____ auch gern.

2 ● B_____ du 13?
   ○ Nein, **ich** b_____ 14.

3 ● **Ich** h_____ Jennifer. Wie h_____ **du**?
   ○ **Ich** b_____ Mario. Wo w_____ **du**?
   ● In München. Und **du**?
   ○ **Ich** w_____ auch in München.

4 ● **Charlotte** m_____ Musik und **sie**
      s_____ Fußball. Was m_____ **du**?
   ○ **Ich** m_____ auch Musik und **ich**
      s_____ Tennis.

b Trabajad en parejas. Decid los diálogos.

c Escribe frases. Presta atención a la conjugación.

1 er • lernen • gern Deutsch   _Er lernt gern Deutsch._
2 du • spielen • gern Fußball   _____
3 sie • wohnen • in Berlin   _____
4 ich • heißen • Maria   _____

2

Eine Klasse – viele Länder

6 Länder und Städte

a Busca los países en la sopa de letras y escríbelos junto a las capitales. →↓↘

Hauptstadt	Land
Athen	_Griechenland_
Warschau	_____
Madrid	_____
Peking	_____
Wien	_____
Budapest	_____
Paris	_____
Moskau	_____
Bern	_____
Rom	_____
Berlin	_____
Ankara	_____

b Escribe frases en el cuaderno.

Die Hauptstadt von Griechenland ist Athen. Warschau ist die Hauptstadt von …

```
G Ö S F R A N K R E I C H
F R N S C H W E I Z T D U
Ü U I L A P I S Ü N F E D
U S T E K Ö O E S L D U F
W S A K C R C L D A S T Ü
G L L U H H F F E D P S G
M A I D I F E G H N A C T
T N E I N P H N K G N H S
Ü D N H A Ö I W L F I L F
R M S K C L N Ü U A E A B
K O R U N G A R N C N N N
E R T T S W L T O H L D W
I L Ö S T E R R E I C H Ü
```

7 Sprachen und Länder

a Completa los países e idiomas.

1. María spricht Spanisch. Sie kommt aus _Spanien_____.
2. Luca spricht Italienisch. Er kommt aus _____.
3. Ayşe kommt aus der Türkei. Sie spricht _____.
4. Lukas spricht Deutsch. Er kommt aus _____.
5. Jean kommt aus Frankreich. Er spricht _____.
6. Sally kommt aus den USA. Sie spricht _____.

> Englisch   Italien
> Deutschland
> Spanien
> Türkisch
> Französisch

b **Welche Sprachen sprichst du?** Escribe qué idiomas hablas. Trabaja con el diccionario.

Ich spreche _____, _____, _____.

Gleich oder anders?

8 Wortakzent – Escucha y marca el acento.

🔊 1.14 Türkei • Spanien • Österreich • Frankreich • Russland • Polen • Ungarn • Japan

9 Ländernamen

🔊 1.15 **a** Escucha. Escribe las letras. ¿Qué país es?

Buchstaben	Land
1. n a l a b e i n	Albanien
2. _____	_____
3. _____	_____
4. _____	_____
5. _____	_____
6. _____	_____
7. _____	_____
8. _____	_____

🔊 1.16 **b** Comprueba con el CD.

c Marca el acento en el ejercicio a.

d Trabajad en parejas. Deletread nombres de países como en el ejercicio 9a. ¿Qué países son?

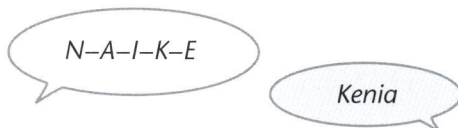

N–A–I–K–E

Kenia

10 Wörter international

a Lee acentuando. ¿Con qué idioma se corresponde?

1. salade — Deutsch
   Salat — Englisch
   salad — Französisch

2. mathématique
   mathematics
   Mathematik

🔊 1.17 **b** Escucha. Marca el acento.

Deutsch	Englisch	Italienisch	Spanisch	Französisch
Schokolade	chocolate	cioccolata	chocolate	chocolat
Geografie	geography	geografia	geografía	géographie
Programm	program	programma	programa	programme

c Pronuncia las palabras en voz alta.

neunzehn | **19**

Wer, was, wo, woher?

11 Ein Rap

a Escucha y completa las palabras. (1.18)

Das ist Maria, sie kommt aus Nizza,
sie mag am liebsten Salami-_____.
Lisa __*wohnt*___ in München
und mag kleine Hündchen.

Aus _____ kommt Lehrer Bobby,
Fußball ist _____ großes Hobby.
Nancy _____ aus Oregon,
ihr Hobby ist das Saxofon.

b Escribe las palabras interrogativas con «W» y las respuestas. La canción te ayudará.

| ~~Was~~   Was   Was   Was |
| ~~Woher~~   Wer   Wo |

1. __*Was*_____ mag Maria am liebsten? _____
2. _____ wohnt Lisa? _____
3. _____ mag Lisa? _____
4. __*Woher*_____ kommt Bobby? _____ aus Kanada.
5. _____ mag er? _____
6. _____ kommt aus Oregon? _____
7. _____ mag sie? _____

12 Steckbrief

a Escucha y completa los datos. (1.19)

Name: _____
Land: _____
Wohnort: _____
Hobby: _____
Sport: _____
Klasse: _____

b Escribe los datos en tu cuaderno.

Das ist …

Personenporträts

13 Starporträt Peter Fox

- ist 38.
- kommt aus Berlin.
- wohnt in Berlin.
- spielt Klavier.
- ist der Sänger bei der Gruppe Seeed.

PETER FOX

www.peterfox.de

a Escribe preguntas abiertas y respóndelas.

1. Wer ist das? — Das ist Peter Fox.
2. W_____ — _____
3. W_____ — _____
4. W_____ — _____
5. W_____ — _____

b **Dein Star:** ¿Qué te gustaría saber? Escribe preguntas en el cuaderno.
El ejercicio a te ayudará. Busca en Internet y escribe las respuestas.

_____
_____
_____
_____
_____
_____

c Escucha la presentación de Peter Fox. Presenta luego a tu personaje en clase.
El ejercicio 12 te ayudará.
(1.20)

14 Ordena el mensaje de Markus a Anne y escríbelo. Hay muchas soluciones.

Viele Grüße, Markus • und ich bin 13. • Ich mag Musik. Ich höre gern Popmusik. • Ich wohne in Köln. • ~~Hallo Anne,~~ • ich heiße Markus • Er heißt Charlie. • Das ist in Deutschland. • Ich spiele gern Tennis. • Ich habe einen Hund. • Ich gehe in die Klasse 8a.

Hallo Anne,
_____
_____
_____
_____
_____

2

Das kann ich

1 Puedo preguntar a las personas y presentarme. ☺ ☺ ☹ ▷ KB/AB S. 16
(Nombre, ciudad, ...)

1. ● Wie heißt du? ○ _Ich heiße_ _____
2. ● Woher kommst du? ○ _____
3. ● Wo wohnst du? ○ _____
4. ● Wie alt bist du? ○ _____
5. ● Sprachen: Was kannst du? ○ _____
6. ● Was magst du? ○ _____

7. ● Ich heiße Anne. ○ _Wie heißt du?_ _____
8. ● Ich bin 14. ○ W_____ _____ _____ ?
9. ● Ich komme aus Österreich. ○ W_____ _____ _____ ?
10. ● Ich wohne in Wien. ○ W_____ _____ _____ ?
11. ● Ich spreche Deutsch und Englisch. ○ W_____ _____ _____ ?
12. ● Ich mag Rap und Mangas. ○ W_____ _____ _____ ?

2 Puedo presentar a una persona. ☺ ☺ ☹ ▷ KB/AB S. 17, 18

Manuel • Österreich • Rap-Musik • Fußball • Englisch, Deutsch

Das ist _____
_____
_____
_____

So lerne und übe ich

3 Escucho y marco el acento. a menudo a veces nunca

🎧 1. Telefon, 2. teléfono, 3. téléphone
1.21

4 Encuentro preguntas abiertas en un texto. a menudo a veces nunca

Ich heiße Lena. W_____ wohnt sie?
Ich bin 14 Jahre alt. W_____ alt ist sie?
Ich komme aus München, das ist im Süden von Deutschland. _Wie_ heißt sie?
Ich wohne in Karlsruhe. W_____ ist Hasso?
Ich schwimme gerne und höre gern Rap. W_____ mag sie?
Mein Hund Hasso ist 1 Jahr alt. W_____ kommt sie?

Mein Schulalltag

1 ¿Qué palabra se corresponde con cada imagen? Encuéntralas.

das Fenster • die Lehrerin • das Regal • die Tafel • ~~der Schrank~~ • der Tisch • das Plakat • der Schüler • der Stuhl • die Uhr • die Schülerin • die Schultasche

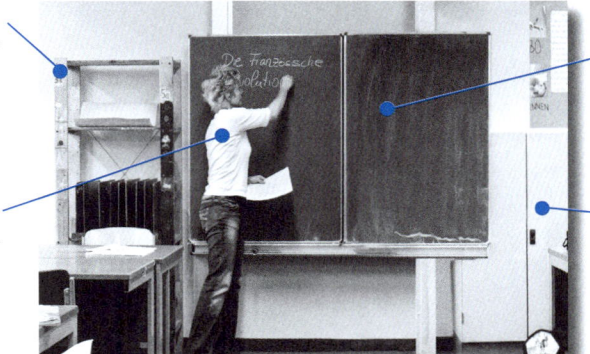

der Schrank

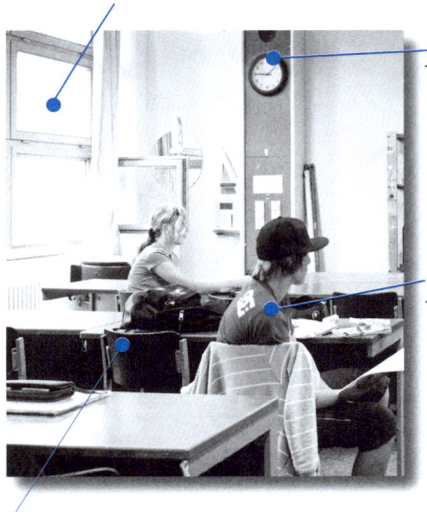

2 In der Klasse

1.22

a Escucha e indica: ¿qué hay en la clase de Paula? Márcalo.

Schüler • ein Schrank • ein Tisch • ein Stuhl • eine Tafel • eine Schultasche • ein Computer • eine Lehrerin • ein Lehrer • ein Regal • ein Fenster • ein Plakat • eine Uhr

b ¿Qué hay en tu clase?

In meiner Klasse ist

3

Meine Tasche

3 Kreuzworträtsel. ¿Qué hay en la mochila? (ä=ä, ö=ö)

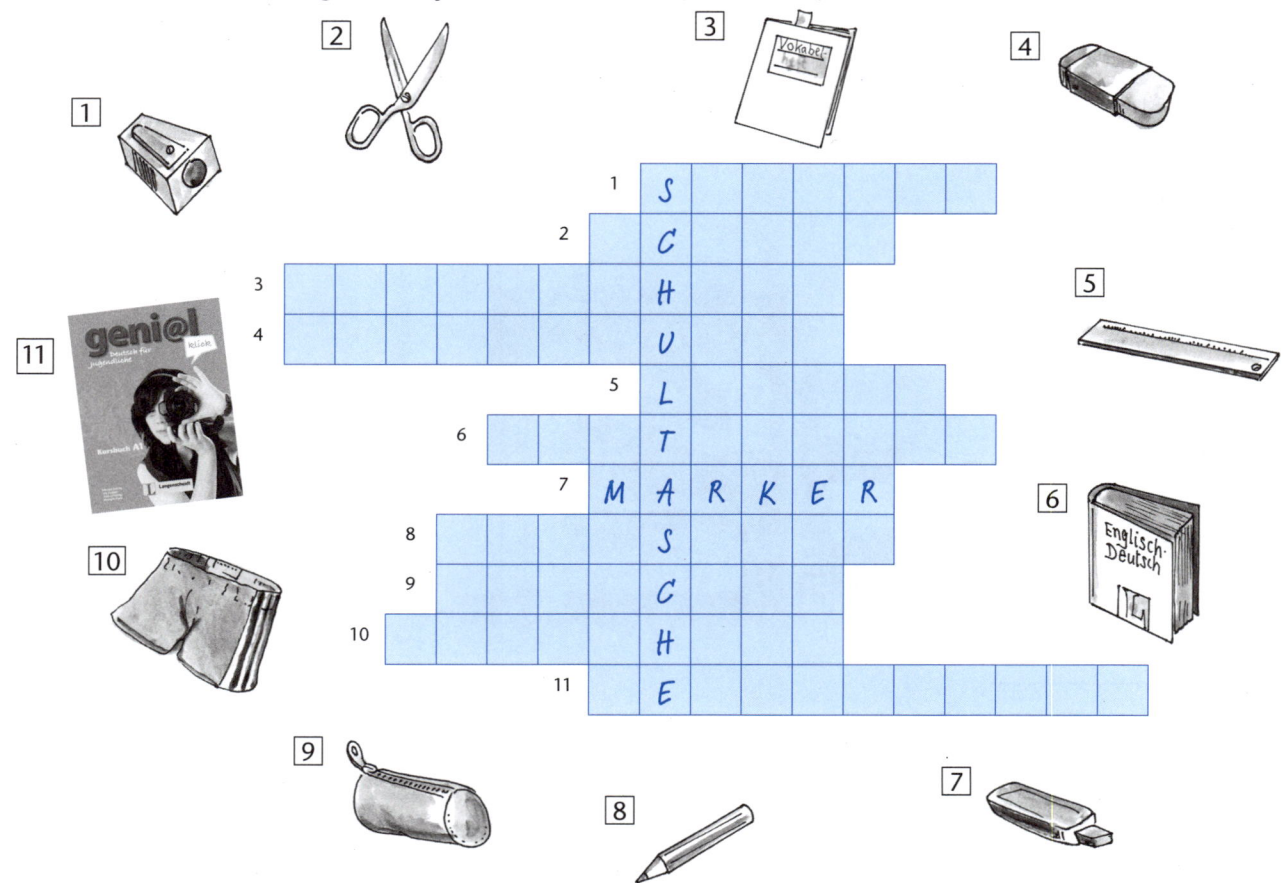

4 Welches Wort passt nicht? Marca la palabra que no corresponda y relaciona el tema.

Thema: Technik • Klassenzimmer • Essen • Musik • Mäppchen • Personen • ~~Schreiben~~

1. Bleistift • Kuli • Füller • Sporthose • Marker   _Schreiben_
2. Stuhl • Hund • Tisch • Regal • Schrank   _____
3. Radiergummi • Lineal • Spitzer • Schere • Schweiz   _____
4. Computer • I-Pod • Handy • Fahrkarte • Kamera   _____
5. Uhr • Banane • Pausenbrot • Schokolade • Pizza   _____
6. Gitarre • Stundenplan • Saxofon • Trompete • Klavier   _____
7. Lehrer • Schüler • Plakat • Deutschlehrerin • Herr Schmidt   _____

5 Wie heißen die Wörter? Completa las letras que faltan.

1. die U _h_ r
2. die T __ f __ l
3. das __ e n __ t __ r
4. die S __ o __ __ h o __ e
5. der S __ __ n d __ n p __ a n
6. das __ ä p __ c h __ n
7. der R __ __ i e __ g __ m __ i
8. die __ c __ e r __

6 Anagramme: Escribe las palabras correctamente.

   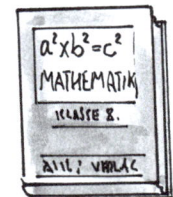

1. die A N B A N E   *die Banane*
2. der L U K I   _____
3. der Z E R S T I P   _____
4. das B A M E H U T C H   _____
5. die R I L E H E R N   _____
6. die K R A H R A F T E   _____

7 Schulsachen: Wer hat was? Escucha y marca con una cruz.

1.23

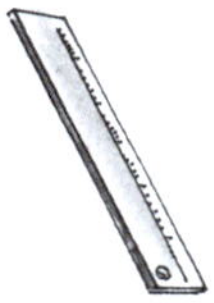

a	Karin							X
b	Max							
	Silvia							

8 Der-die-das-Rap. Completa los nombres con el artículo. Escucha y comprueba.

1.24

DER, der, der: der Schüler, der *Lehrer* , ja wer?

DIE, die, die: die Tafel, _____, die Chemie.

DAS, das, das: das Mäppchen, _____, ja was?

DER, der, der: der _____, der Name, der Herr.

DIE, die, die: die Schule, _____ und die Magie.

DAS, das, das: das Fenster, _____, ach was!

Nomen und Artikel

9 Schulsachen

a Escucha. ¿Qué letras faltan? Completa.

1. _ T _I_ S _ C _H_
2. _ L _ N _ A _ L _
3. _ C _ H _ O _ K _ L _ A _ D _ E _
4. _ M _ A _ K _ E _
5. _ S _ H _ L _ R _
6. _ F _ A _ R _ A _ T _ E _
7. _ W _ R _ T _ E _ B _ C _
8. _ R _ D _ I _ R _ G _ U _ M _

b Escribe las palabras del ejercicio a en las casillas.

der _Tisch_	das _____	die _____
der _____	_____	_____
_____	_____	_____
_____	_____	_____

10 Komposita

a Une las palabras y escríbelas con el artículo (nominativo).

SCHUL-	HOSE	_die Schultasche_
PAUSEN-	HEFT	_____
WÖRTER-	TASCHE	_____
VOKABEL-	BROT	_____
SPORT-	PLAN	_____
STUNDEN-	BUCH	_____

 b ¿Cuáles son las palabras compuestas del ejercicio a? Escucha, comprueba y repite.
1.26

11 ¿Qué es esto?
Marca con una cruz.

1.
☐ die Spielkarte
☐ das Kartenspiel

2.
☐ die Telefonkarte
☐ das Kartentelefon

12 Bestimmte und unbestimmte Artikel. Escribe el artículo: der – die – das o ein – eine.

1. der / __ein__ Schwamm
2. das / _____ Deutschbuch
3. die / _____ Sporthose
4. der / _____ Schrank
5. _____ / eine CD
6. _____ / ein Lehrer
7. _____ / ein Buch
8. _____ / eine Tafel
9. der / _____ Computer
10. _____ / ein Mäppchen
11. das / _____ Telefon
12. _____ / ein Schüler

13 Wer oder was ist das?

a — Was ist das?
_____

b — Wer ist das?
Das ist ein Lehrer.

c — Was ist das?
_____

14 Richtig (r) oder falsch (f)? Marca con una cruz si las frases son verdaderas o falsas.

		r	f			r	f
1.	Madonna ist kein Popstar.	☐	X	4.	München ist kein Land.	☐	☐
2.	Roger Federer ist ein Tennisspieler.	☐	☐	5.	Harry Potter ist ein Buch.	☐	☐
3.	Herr Killer ist ein Schüler.	☐	☐	6.	Eva ist keine Kamerafrau.	☐	☐

15 Was ist in Sophies Schultasche? Sie hat Deutsch, Mathematik und Geografie. Escribe **ein/eine** o **kein/keine**.

a. _keine_ Trompete   d. _____ Marker   g. _____ Sporthose
b. _ein_   Füller   e. _____ Englischheft h. _____ Arbeitsbuch
c. _____ Lineal   f. _____ Radiergummi   i. _____ Deutschbuch

16 Señala las ocho diferencias en la imagen 2. Escribe frases como las del ejemplo.

1. *In Bild 2 ist kein Wörterbuch.*   5. _____
2. *In Bild 2 ist keine* _____   6. _____
3. *In Bild 2 ist* _____   7. _____
4. _____   8. _____

3

Viele Fragen – viele Antworten

17 Wer oder was ist das?

a Richtig (r) oder falsch (f)? Escucha y marca con una cruz.
1.27 Escribe la respuesta correcta en A.

	r	f	A	B
1.	☐	☐	_____	_____
2.	☐	☐	_____	_____
3.	☐	☐	_____	_____
4.	☒	☐	Schokolade	Ja, das ist eine Schokolade.
5.	☐	☐	_____	_____
6.	☐	☒	Schüler	Nein. Das ist ein Schüler.
7.	☐	☐	_____	_____
8.	☐	☐	_____	_____

b En el ejercicio a escribe respuestas como en el ejemplo (columna B).

18 Weißt du das? Responde: Ja, Nein o Vielleicht.

1. Ist Berlin in Österreich? — Nein.
2. Heißt der Präsident von Amerika Nicolas Sarkozy? — _____
3. Hat James Bond ein Auto? — _____
4. Kann Michael Phelps schwimmen? — _____
5. Kommt Mozart aus Italien? — _____
6. Mag Lady Gaga Pizza? — _____

19 Ja-/Nein-Fragen und W-Fragen. Completa las preguntas.

kann • kommst • wo • wie • hat • magst • kannst • wie

1. _____ heißt das auf Deutsch?
2. _____ ist der Europa-Park?
3. _____ du Pizza?
4. _____ du kochen?
5. _____ du mit ins Konzert?
6. _____ alt ist Tina?
7. _____ er ein Radio?
8. _____ Eric schwimmen?

28 achtundzwanzig

20 Fragen und Antworten: Relaciona.
Leed las frases en parejas.

1. _____ Wer ist das?
2. _____ Mag Jenny Computer?
3. _____ Kommt er aus Amerika?
4. _____ Was kocht sie?
5. _____ Ist das dein Lehrer?
6. _____ Woher kommt Michael?
7. _____ Was mag sie?
8. __f__ Bist du in der Schule?

a. Sie kocht Spaghetti.
b. Er kommt aus der Schweiz.
c. Sie mag Musik.
d. Nein, er kommt aus England.
e. Ja, sie mag Computer.
f. Nein, ich bin im Park.
g. Nein, das ist der Direktor.
h. Das ist mein Lehrer.

21 Escribe preguntas y respuestas.

1. Roger Federer • Tennis • spielt • ?
2. kommst • aus England • du • ?
3. in Berlin • Charlotte • wohnt • ?
4. Interviews • macht • Mario • ?
5. Charlotte • kann • fotografieren • ?
6. ein Saxophon • hast • du • ?
7. magst • du • Popmusik • ?
8. Bello • der Hund • heißt • ?   _Heißt der Hund Bello? – Ja._
9. ist • Mieze • eine Schülerin • ?

22 Escribe tres preguntas abiertas y cinco preguntas cerradas.
In der Klasse: Pregunta y escribe las respuestas en la tabla.

Keine Ahnung!

Personen-Informationen:

__Wie_____ Roger Federer?
_____ Lady Gaga?
_____ Michael Schumacher?

Alter	
Land	
Stadt	

Mein Nachbar / Meine Nachbarin:

__Hast du_____?
_____?
_____?
_____?
_____?

	Ja	Nein
Handy (haben)		
Spaghetti (mögen)		
Gitarre (spielen)		
Popmusik (hören)		
Türkisch (können)		

3

Das kann ich

1 Puedo pedir información y responder. 😊 😐 ☹ ▷ KB/AB S. 28/29

1. _____ eine Katze? – Ja, sie hat eine Katze.
2. _____? – Ja, ich kann kochen.
3. _____ Pedro aus Italien? – Nein, er kommt aus Spanien.
4. Macht Mario Interviews? – _____

2 Puedo entender y nombrar útiles escolares y objetos de la clase. 😊 😐 ☹ ▷ KB/AB S. 23–27

a Mein Mäppchen   *der Spitzer* _____ _____
_____ _____ _____
_____ _____ _____

b Meine Klasse

eine *Tafel* _____ (AFTEL)   _____ _____ (ITCHS)
_____ _____ (HUTLS)   _____ _____ (RLGEA)

c Gabis Schulsachen

Das ist e_____ Kuli.   Das ist d_____ Kuli von Gabi.   Gabi hat k_____ Brille.

Das ist e_____.   Das ist _____ von Gabi.   Gabi hat _____.

So lerne und übe ich

3 Hago gráficos de asociaciones.   a menudo   a veces   nunca

4 ¿Problemas con los sustantivos + artículo? Aprendo palabras difíciles con imágenes fantásticas. Dibujo una imagen para cada palabra difícil.   a menudo   a veces   nunca

der Elefant   **der** Spitzer

Schule ... Schule ... Schule

1 Schulwortschatz

a Escucha y repite.
1.28

b Escucha de nuevo y marca el acento.

der Füller	der Stuhl	der Schüler	die Schuluniform	die Schülerin
fotografieren	das Obst	der Lehrer	die Schokolade	der Schultag
das Interview	das Video	kochen	das Zeugnis	die Schulnote
filmen	die Tafel	der Tisch	der I-Pod	das Englischheft
das Geschenk	der Schulhof	die Uhr	der Stundenplan	das Arbeitsbuch
das Plakat	die Lehrerin	das Kursbuch	der Sportplatz	das Pausenbrot

c **Mindmaps:** Completa con las palabras del ejercicio b.

der Schüler

fotografieren

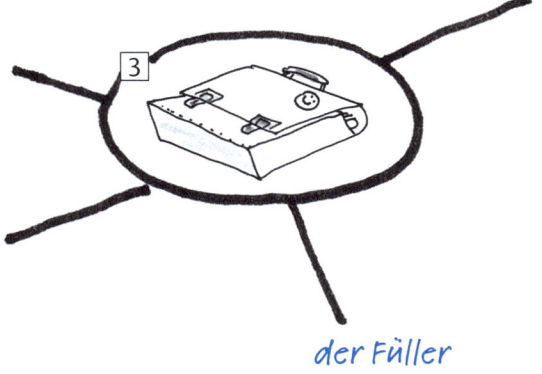
der Füller

die Schokolade

einunddreißig | 31

4

Meine Schule

2 Sophie erzählt. Escucha. ¿Qué dice? Márcalo.

1.29
1. Sophie geht in die Klasse 8 / 10.
2. Sie ist 13 / 14.
3. Sie hat Musik / Sport nicht gern.
4. Sie mag die Englischlehrerin / die Mathelehrerin.
5. Sie hat die besten Noten in Englisch / in Musik.
6. Sie fotografiert gern / nicht gern.
7. Sie macht Fotos für die Foto-AG / die Zirkus-AG.
8. Sophies Freundin wohnt in Köln / Kassel.
9. Sophie findet die Schuluniform gut / nicht gut.

3 Und jetzt du. Escribe y cuéntalo en clase.

Ich heiße _____

Ich bin _____

Ich gehe in die _____

Ich mag _____

Ich spiele _____

Ich _____ gern.

Ich habe _____

Ich finde _____

4 Sophie erklärt die Fotos. ¿Qué dice? Escucha y escribe frases.

1.30

Direktor / Lironi / nett

Das ist unser Direktor, Herr Lironi. Er ist sehr nett.

_____

Frau Kunz, Lieblingslehrerin, Englisch

_____

_____

Zirkus-AG, lustig

_____

_____

Meine Freundinnen, ich, Klasse

Das sind _____

_____

5 Sophies Stundenplan. Relaciona.

	Montag	Dienstag	Mittwoch	Donnerstag	Freitag
07.55	Deutsch	Mathe	Geschichte	Sport	Italienisch
08.50	Deutsch	Mathe	Mathe	Sport	Italienisch
09.40	*Pause*	*Pause*	*Pause*	*Pause*	*Pause*
09.55	Bio	Kunst	Mathe	Deutsch	Mathe
10.45	Bio	Kunst	Englisch	Geschichte	Geografie
11.35	Koch-AG	Latein		Französisch	Latein
13.30	Geschichte	Italienisch		Biologie	Italienisch
14.20	Italienisch	Musik		Biologie	Geografie
15.10	*Pause*	*Pause*		*Pause*	*Pause*
15.25	Englisch	Französisch		Religion	Musik

1. Das ist — ☑ *1* mein Stundenplan.
2. Wir haben 5 Sprachen: — ☐ Unterricht.
3. Die Schule beginnt am Morgen — ☐ Schule.
4. Am Mittwoch haben wir nur am Morgen — ☐ Französisch, Deutsch, Englisch, Italienisch, Latein.
5. Wir haben 4 Stunden Mathe — ☐ in der Woche.
6. Wir haben von Montag bis Freitag — ☐ um kurz vor 8.
7. Am Samstag und Sonntag ist — ☐ schulfrei.

6 Wochentage. ¿Cuáles son los días de la semana? Ordénalos y escríbelos.

DIMISADOSOFRMO

Montag, _____

7 Schulfächer

a ¿Cuáles son las asignaturas?

1. THEMATIKMA _Mathematik_
2. RTSPO _____
3. TSCHDEU _____
4. GLIENSCH _____
5. NSTKU _____

b Haz preguntas a Sophie.

1. _Wann hast du Mathematik?_
2. _Wann_ _____
3. _____
4. _____
5. _____

c Sophie responde a las preguntas. El horario del ejercicio 5 te ayudará.

1. _Mathematik habe ich am Dienstag._
2. _____ habe ich am _____
3. _____
4. _____
5. _____

Wir, ihr und Sie

8 Fragen an Janine und Herrn Winter

a 8 Fragen, 8 Verben. **Completa.**

drehen • haben • lernen • mögen • machen • unterrichten • können • ~~kochen~~

1. _Kocht_ ihr gern in der Koch-AG?
2. _____ ihr Interviews?
3. _____ ihr Sprachen?
4. _____ ihr eine Mittagspause?
5. _____ ihr ein Video?
6. _____ ihr ein Fach wählen?
7. Herr Winter, _____ Sie Geschichte?
8. Herr Winter, _____ Sie die Schüler?

b Relaciona las respuestas con las preguntas del ejercicio a.

a. ☑ 3 Ja, drei: Französisch, Deutsch und Englisch.
b. ☐ Ja, für unsere Schulzeitung.
c. ☐ Ja, ab Klasse 8 können wir Latein wählen.
d. ☐ Ja, klar! Sie sind toll.
e. ☐ Ja, um zwölf.
f. ☐ Ja, Eva ist die Kamerafrau.
g. ☐ Ja, da lernen wir auch italienisch kochen.
h. ☐ Ja, und Sozialkunde.

9 Janine und Sophie

a Completa el texto.

von ... bis • am • kurz vor • in

Janine erzählt:

Wir haben _von_ Montag _bis_ Freitag Schule. Wir fangen _____ _____ acht an. _____ Mittwoch und _____ Donnerstag haben wir acht Stunden Unterricht. _____ Nachmittag gibt es viele AGs.
Sophie jetzt bist du dran, ... Ich mache _____ 30 Minuten ein Interview für unsere Video-AG.

Sophie erzählt:

Wir haben auch _____ Montag _____ Freitag Schule. Wir beginnen auch _____ _____ acht. Wir haben _____ 9.40 Uhr _____ 9.55 Uhr Pause. _____ Montag haben wir Koch-AG, und _____ Dienstag und _____ Freitag haben wir Latein. Französisch und Latein sind zwei Wahlfächer und ... Moment, _____ 5 Minuten fährt mein Bus!

b Comprueba con el CD.

Die Zahlen bis 100

10 Welche Zahl hörst du? **Marca los números que escuchas.**

1.32
1. 24 – **14**
2. 13 – 30
3. 70 – 17
4. 19 – 90
5. 16 – 60
6. 46 – 64
7. 49 – 94
8. 54 – 45
9. 62 – 26
10. 87 – 78
11. 10 – 100
12. 99 – 89
13. 21 – 12
14. 75 – 57
15. 34 – 43

11 Welche Zahlen fehlen? **Añade los números que faltan.**

1. drei – _sechs_ – neun – zwölf – fünfzehn – _____
2. _____ – dreißig – vierzig – _____ – sechzig – _____ – achtzig
3. _____ – vierundzwanzig – sechsunddreißig – _____ – _____ – zweiundsiebzig

12 **Ordena los números y escríbelos.**

einunddreißig • vierundfünfzig • ~~zweiundzwanzig~~ • einundvierzig • achtundsechzig • hundert • neunundneunzig • achtundzwanzig • fünfundsiebzig

22: _zweiundzwanzig_   28: _____   31: _____
___: _____   ___: _____   ___: _____
___: _____   ___: _____   ___: _____

13 Was ist das?

1.33
Escucha los números y únelos.

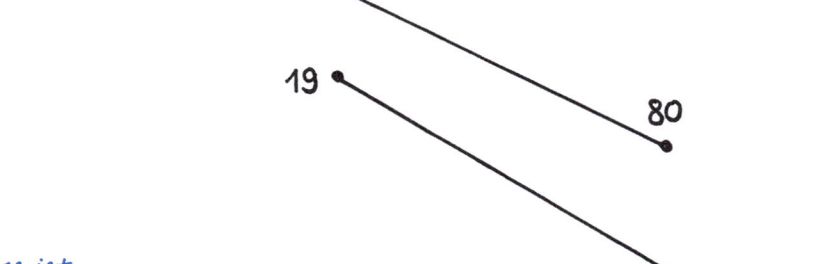

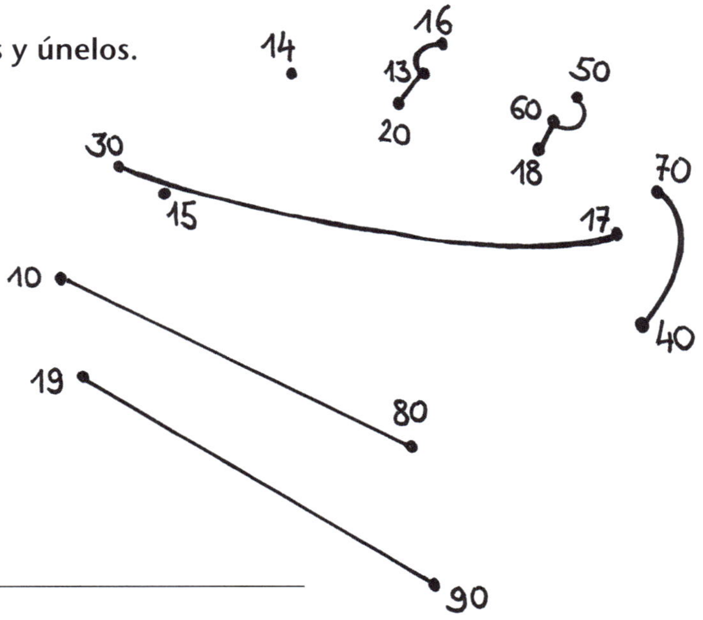

Das ist _____

4

Wie viele???

14 Plural

a Completa el singular y el plural.

~~Fenster~~ • ~~Direktoren~~ • Hausaufgaben • Plakate • Stühle • Mäppchen • Tische • Kulis • Regale • Schülerin • Sporthosen • Computer • Hamburger • Bleistifte • Zeitungen • Stundenpläne • Mittagspausen • Fächer

Singular	Plural	Singular	Plural
das Fenster	_die Fenster_	der Direktor	_die Direktoren_
die Hausaufgabe	_____	der _____	die Hamburger
die Mittagspause	_____	der Bleistift	_____
das Fach	_____	der Stuhl	_____
die _____	die Schülerinnen	der Kuli	_____
der Tisch	_____	der Stundenplan	_____
das Plakat	_____	die Zeitung	_____
die Sporthose	_____	der _____	die Computer
das _____	die Mäppchen	das Regal	_____

b Marca la terminación del plural + vocal modificada (ä, ü) en el ejercicio a.

15 Escribe tarjetas de aprendizaje sobre el tema «Schule».

- die Stundenpläne
- der Stundenplan (¨-e)
- die Lehrerin (-nen)
- die Schulnote (-n)
- das Schulfach (¨-er)
- die Schulwoche (-n)
- das Mädchen (-)
- der Schultag (-e)
- das Foto (-s)
- die Partnerschule (-n)
- die Mädchen
- die Schulzeitung (-en)
- das Hobby (-s)
- das Projekt (-e)
- der Lehrer (-)

16 Wie viele …? ¿Cuántos/as… hay en tu escuela? ¿Cuántos/as… hay en tu clase?

Lehrer/Lehrerinnen • Schüler/Schülerinnen • Klassen • Fächer • Wahlfächer

In meiner Schule gibt es _____ Lehrer und _____ Lehrerinnen.
In meiner Klasse gibt es _____. In Klasse 8 gibt es _____.

_____
_____

Wie spät ist es?

17 Relaciona.

1. Viertel vor elf
2. halb vier
3. Viertel nach zwei
4. zehn nach fünf
5. zwanzig vor zehn
6. fünf vor eins
7. zehn nach sieben
8. halb zehn
9. zwanzig vor elf
10. fünf nach eins

- [5] 09.40
- [ ] 12.55
- [ ] 14.15
- [ ] 13.05
- [ ] 10.45
- [ ] 15.30
- [ ] 17.10
- [ ] 19.10
- [ ] 9.30
- [ ] 10.40

18 Wie spät ist es? ¿Qué escuchas? Marca con una cruz.

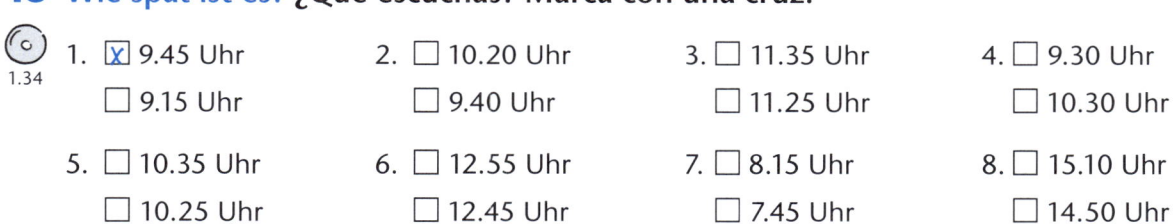

1.34

1. [x] 9.45 Uhr
   [ ] 9.15 Uhr
2. [ ] 10.20 Uhr
   [ ] 9.40 Uhr
3. [ ] 11.35 Uhr
   [ ] 11.25 Uhr
4. [ ] 9.30 Uhr
   [ ] 10.30 Uhr
5. [ ] 10.35 Uhr
   [ ] 10.25 Uhr
6. [ ] 12.55 Uhr
   [ ] 12.45 Uhr
7. [ ] 8.15 Uhr
   [ ] 7.45 Uhr
8. [ ] 15.10 Uhr
   [ ] 14.50 Uhr

19 Uhrzeit

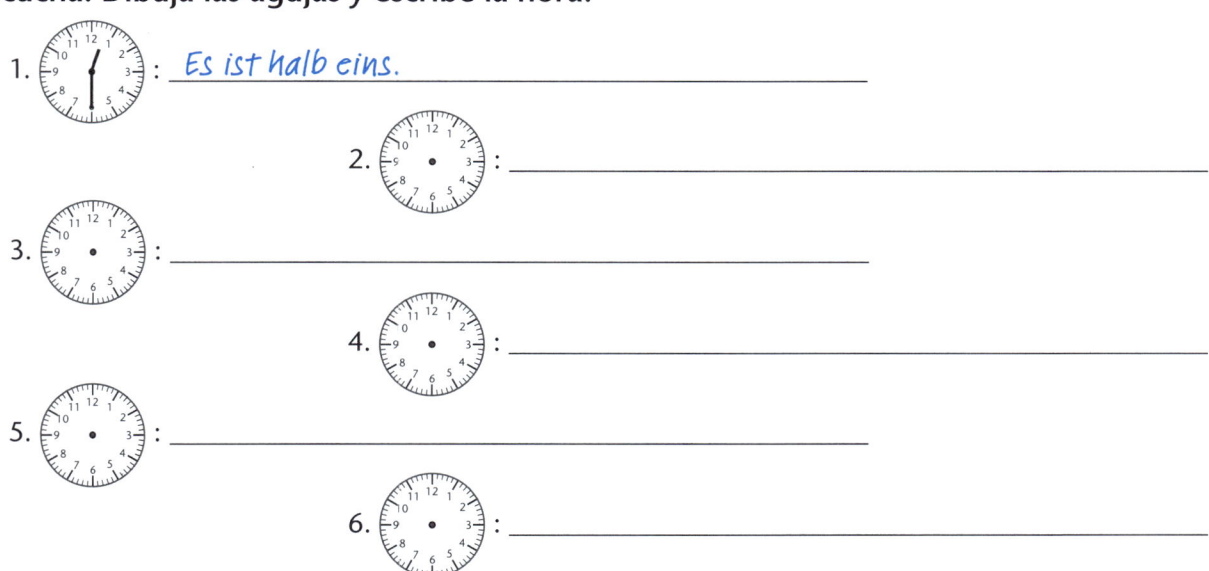

1.35

Escucha. Dibuja las agujas y escribe la hora.

1. : _Es ist halb eins._
2. : _____
3. : _____
4. : _____
5. : _____
6. : _____

20 Interview „Meine Schulwoche". Trabajad en parejas. Preguntad y responded.

1. Wann beginnt der Unterricht am Morgen?   _Der Unterricht beginnt um 8.00._
2. Wann ist Pause?   _____
3. Wann hast du Deutsch? (am ____ um ____)   _____
4. Wann hast du Mathe? (am ____ um ____)   _____
5. Wie viele Stunden habt ihr am Mittwoch?   _____
6. Wann ist schulfrei?   _____

Das kann ich

1 Puedo entender y dar la hora. 😊 😐 ☹ ▷ KB/AB S. 37

1.36 **a** Escucha y repite. Numera los relojes según el orden correcto.

b Escribe las horas.

① _____   ② _____   ③ _____

2 Puedo preguntar y dar información sobre 😊 😐 ☹ ▷ KB/AB S. 33, 34
el horario escolar.

a. ● (Wann / Deutsch?) _Wann_____?
   ○ _Deutsch habe ich am_____ um _____ Uhr.

b. ● (Wann / Sport?) _____?
   ○ Sport _____.

c. ● (Wann / schulfrei?) _____?
   ○ Am _____ ist _____.

d. ● (Wie viele Sprachen?) _____.
   ○ Wir _____.

So lerne und übe ich

3 Aprendo vocabulario mediante gráficos de   a menudo   a veces   nunca
asociaciones y tarjetas de vocabulario.

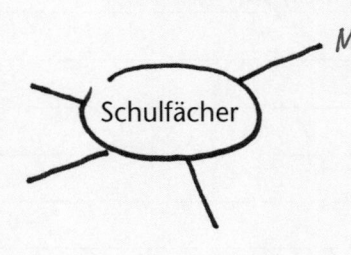

Schulfächer — Mathematik

die Nachmittage
der Nachmittag
Singular

Testtraining P1

1 Escucha y rellena la ficha.

🔊 1.37

Vorname: _Christine_
Name: _____
Wohnort: _____
Land: _____
Alter: _____
Klasse: _____
Sprachen: _____
Hobbys: _____
Tiere: _____

2 Completa el texto. La ficha te ayudará.

Das _____ Fridolin _____. Er _____ 16 und _____ in _____. Er _____ ins Gymnasium. Seine Familie kommt _____ _____. In der Schule _____ er vier _____ und Spanisch ist sein _____. Er _____ Fußball und hat am _____ und _____ _____. Sein _____ _____ Apollo!

Vorname: Fridolin
Name: Ricci
Alter: 16
Wohnort: München
Land: Italien
Schule: Gymnasium
Sprachen: Deutsch, Italienisch, Englisch, Spanisch
Lieblingsfach: Spanisch
Sport: Fußball
Fußballtraining: Montag/Mittwoch
Tiere: „Apollo"

neununddreißig | 39

Testtraining – Hören

Hören
- Du hörst **zwei** Gespräche.
- Zu jedem Gespräch gibt es Aufgaben.
- Kreuze an: Gespräch 1 (richtig/falsch); Gespräch 2 (a/b/c).
- Du hörst jedes Gespräch **zweimal**.

Gespräch 1

a Schau das Beispiel (0) an und lies die Sätze 1, 2 und 3.

Beispiel:	richtig	falsch
0 Susy und Brigitte haben zusammen Englischunterricht.	☒	☐
1. Susy findet ihr Matheheft nicht.	☐	☐
2. Brigitte hat das Englischbuch von Susy.	☐	☐
3. Der Englischunterricht beginnt kurz vor 8.00 Uhr.	☐	☐

b Hör das Gespräch und kreuze an. (richtig/falsch)
1.38

c Hör jetzt das Gespräch noch einmal und kontrolliere deine Lösung.

Gespräch 2

a Schau das Beispiel (0) an und lies die Sätze 4, 5 und 6.

Beispiel:

0 Mario interviewt
- ☒ a den Geschichtslehrer.
- ☐ b die Mathelehrerin.
- ☐ c den Schuldirektor.

4. Mario und Eva filmen für die
- ☐ a Zirkus-AG.
- ☐ b Koch-AG.
- ☐ c Video-AG.

5. Sie filmen
- ☐ a am Morgen.
- ☐ b in der Mittagspause.
- ☐ c am Nachmittag.

6. Eva lernt am Abend für
- ☐ a Bio.
- ☐ b Mathe.
- ☐ c Musik.

b Hör das Gespräch und kreuze an. (a, b oder c)
1.39

c Hör jetzt das Gespräch noch einmal und kontrolliere deine Lösung.

Testtraining – Lesen

Hier sind zwei Texte von Jugendlichen aus dem Internet. Lies sie.

Text 1

Richtig oder falsch? Kreuze an.

Hallo mein Name ist Eric und ich bin 15. Ich komme aus Deutschland, aber ich wohne in der Schweiz, in Basel. Ich höre gern Musik, wie Xavier Naidoo und Tokio Hotel. Ich spiele Saxofon und spiele auch gern Tennis; Rafael Nadal ist mein Idol. Und wer ist dein Idol?

	richtig	falsch
Beispiel:		
0 Eric ist vierzehn.	☐	☒
1. Eric wohnt in Deutschland.	☐	☐
2. Eric mag Musik.	☐	☐
3. Eric spielt kein Instrument.	☐	☐

Text 2

a, b oder c? Kreuze an.

Hallo, ich heiße Lily und ich bin 14. Ich wohne in Österreich, in Wien. Meine Familie kommt aus Frankreich. Ich gehe ins Gymnasium, ich bin gut in Sprachen und ich lerne sie gern. Ich kann Deutsch, Französisch und auch ein bisschen Englisch. Ich habe viele Hobbys. Ich habe einen Hund und eine Katze. Sie heißen Lilo und Coco, sie sind sechs und vier. Meine Freundin heißt Brigitte, wir gehen in die gleiche Klasse. Wir spielen beide gern Gitarre. Und du?

Beispiel:

0 Lily hat
   ☐ a keine Hobbys.   ☐ b ein Hobby.   ☒ c viele Hobbys.

4. Lily wohnt
   ☐ a in Frankreich.   ☐ b in Österreich.   ☐ c in Deutschland.

5. Lily kann
   ☐ a drei Sprachen.   ☐ b eine Sprache.   ☐ c vier Sprachen.

6. Lily hat
   ☐ a eine Freundin.   ☐ b keine Freundin.   ☐ c keine Gitarre.

P1

Testtraining – Schreiben

Eine E-Mail

Du hast eine E-Mail bekommen. Lies sie.

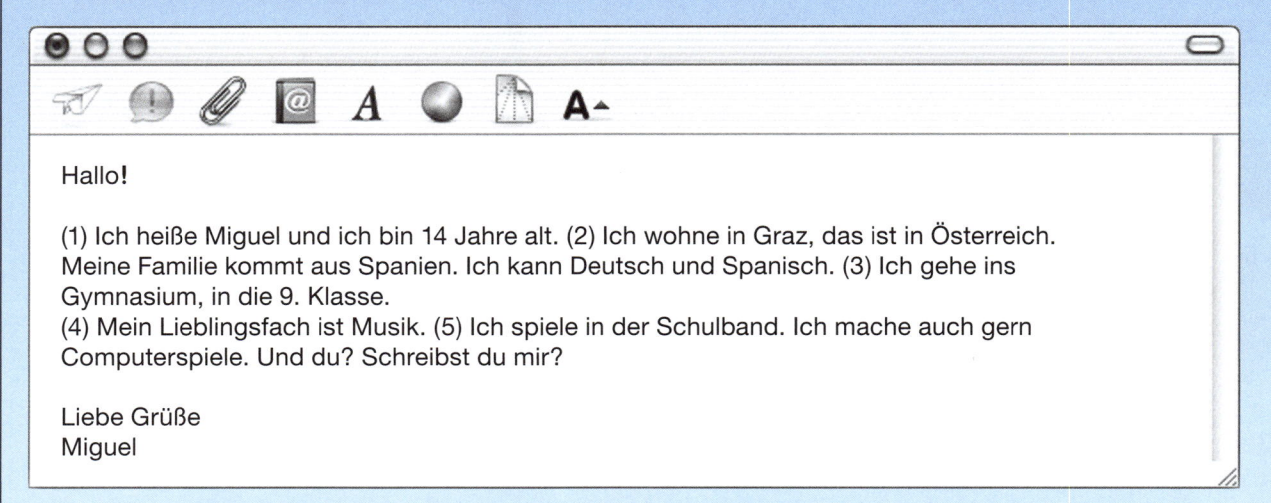

Hallo!

(1) Ich heiße Miguel und ich bin 14 Jahre alt. (2) Ich wohne in Graz, das ist in Österreich. Meine Familie kommt aus Spanien. Ich kann Deutsch und Spanisch. (3) Ich gehe ins Gymnasium, in die 9. Klasse.
(4) Mein Lieblingsfach ist Musik. (5) Ich spiele in der Schulband. Ich mache auch gern Computerspiele. Und du? Schreibst du mir?

Liebe Grüße
Miguel

Schreib eine E-Mail über dich.

1. Wer bist du? Wie alt bist du?
2. Wo wohnst du? Woher kommst du?
3. Ich welche Schule/Klasse gehst du?
4. Welches Fach hast du gern?
5. Was machst du gern?

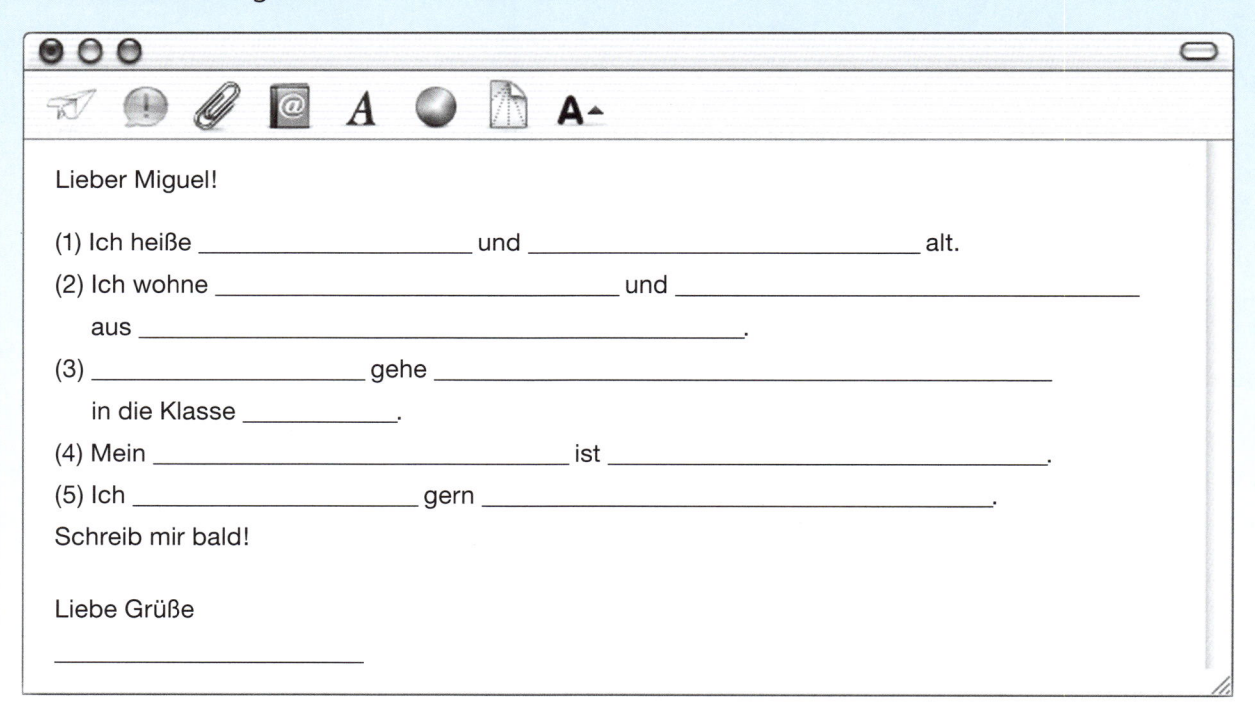

Lieber Miguel!

(1) Ich heiße _____ und _____ alt.

(2) Ich wohne _____ und _____

   aus _____.

(3) _____ gehe _____

   in die Klasse _____.

(4) Mein _____ ist _____.

(5) Ich _____ gern _____.

Schreib mir bald!

Liebe Grüße

_____

Testtraining – Sprechen

Sprechen 1

Du hast einen neuen Mitschüler / eine neue Mitschülerin. Stell dich selbst vor.
(6 Informationen)

- Name?
- Alter?
- Wohnort?
- Land?
- Sprachen?
- Hobbys?

Ich bin ... alt und komme ...

Ich ...

Ich heiße ...

Sprechen 2

Bereite fünf Fragen und fünf Antworten zum Thema „Schule" vor.
Arbeitet zu zweit und spielt den Dialog in der Klasse.

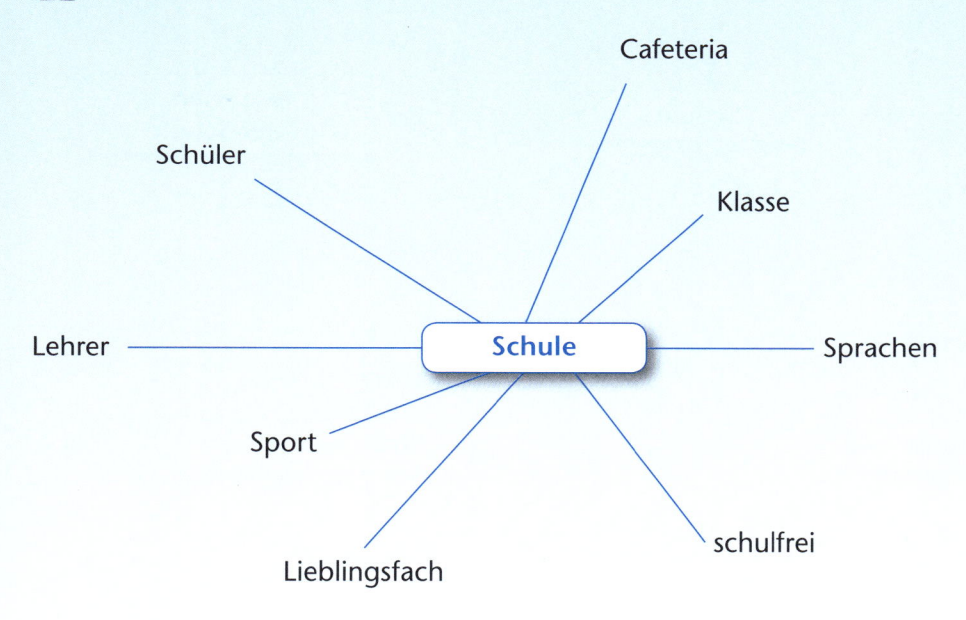

Cafeteria
Schüler
Klasse
Lehrer — Schule — Sprachen
Sport
schulfrei
Lieblingsfach

Kannst du ...?
Hast du ...?
Lernst du ...?
Wann ...?
Gehst du ...?
Wann ...?

Wie viele Schüler gibt es?

Es gibt 358 Schüler und Schülerinnen.

Ist Mathe dein Lieblingsfach?

Nein, Sport ist mein Lieblingsfach.

Mein Wortschatz

1 Mindmap zum Thema „Schule". **Encuentra de tres a cinco palabras para cada palabra clave.**

der Computer • die Stunde • die Schüler • Physik • die Stühle • fragen • der Schultag • das Regal • schreiben • das Zeugnis • die Noten • erklären • das Arbeitsbuch • antworten • üben • die Mittagspause • trainieren • Sozialkunde • der Unterricht • Kunst • der Nachmittag • der Tisch • schulfrei • wählen • das Plakat • die Aufgabe • die Lehrer • der Marker • die Hefte • die Gitarre • lernen

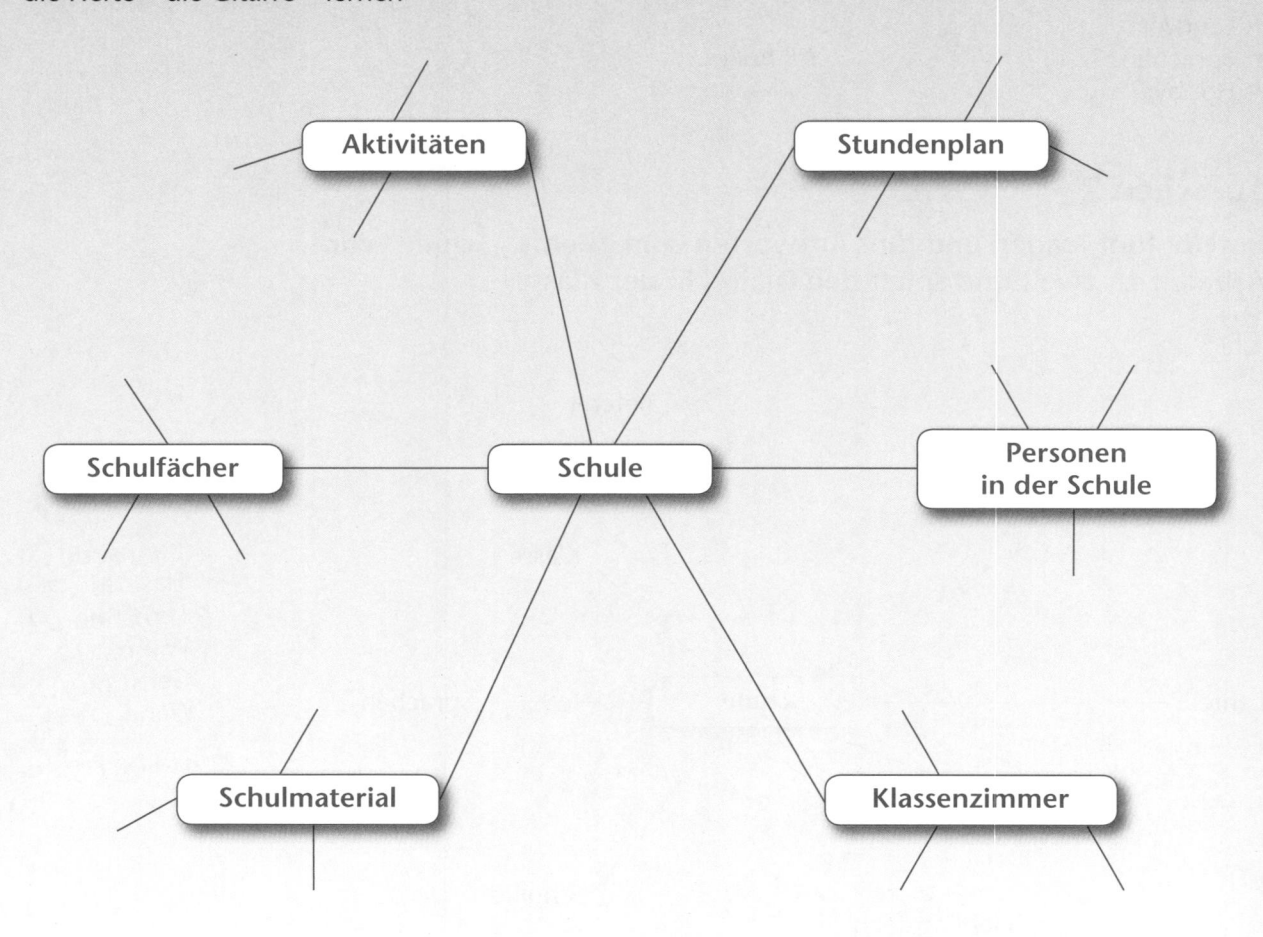

- Aktivitäten
- Stundenplan
- Schulfächer
- Schule
- Personen in der Schule
- Schulmaterial
- Klassenzimmer

2 Fragen verstehen

Trabajad en parejas. Hablad sobre las preguntas. ¿Cuáles son fáciles? ¿Cuáles son difíciles?

1. Wie heißen die Wörter auf Spanisch?
2. Welches Wort passt?
3. Welche Buchstaben fehlen?
4. Kannst du an die Tafel kommen?
5. Kannst du bitte buchstabieren?
6. Was passt zusammen?
7. Schreibst du die Wörter ins Heft?
8. Markierst du die Wörter im Lernplakat?
9. Welche internationalen Wörter verstehst du?
10. Wie viele Schulfächer hast du?

Meine Lieblingstiere

1 Tiere im Zoo

a Escucha y escribe los nombres de los animales con el artículo.

das Känguru _____ _____ _____

_____ _____ _____

b ¿Qué animales son? Escribe los nombres.

c Comprueba tus respuestas. Repite y marca el acento en el ejercicio b.

d En la imagen aparecen otros tres animales. ¿Cuáles son?

der H_____   die K_____   der V_____

2 Magst du noch andere Tiere? Busca tres animales en el diccionario. Comparad en clase.

Tiere und Leute

3 Welches Tier ist das?

  a Escribe los nombres de animales con el artículo.

  Pinguin • Pferd • Elefant • ~~Fliege~~

  1. Sie ist sehr klein, grau oder schwarz und fliegt.   _die Fliege_
  2. Er ist sehr groß und grau. In Europa lebt er im Zoo. _____
  3. Er kann schwimmen und ist schwarz und weiß. Er lebt in der Antarktis. _____
  4. Es ist groß und elegant und galoppiert gern. Du kannst es reiten. _____

  b Observa el gráfico de asociaciones y haz tú uno sobre otro animal.

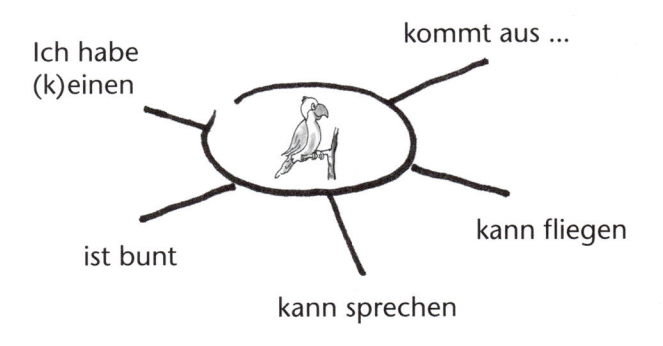

  Ich habe (k)einen • kommt aus ... • kann fliegen • kann sprechen • ist bunt

4 Welche Farbe hat ...? (Escribe en la respuesta **er**, **sie** o **es**.)

  1. ... der Text?   _Er_ ist _blau._
  2. ... das Krokodil?   _Es_ ist _____
  3. ... dein Bleistift?   _____ ist _____
  4. ... deine Schultasche?   _____ ist _____
  5. ... der Pinguin?   _____ ist _____ und _____

5 Ein Interview

  a Escucha y escribe la información en la tabla.
  1.42

	Tobias	Katarina	Stefan	ich
Tier	keine Tiere			
Name	–			
Alter	–			
Farbe	–			
Charakter	–			

  b Escribe información sobre tu animal de compañía o tu animal favorito en la tabla anterior.

  c Escribe un texto sobre tu animal de compañía o tu animal favorito con la información del ejercicio a. El ejercicio 8 del libro del alumno te ayudará.

  Mein Lieblingstier heißt ... Es ist ...

6 Separa las palabras de la serpiente y relaciónalas con los grupos de palabras (1–8).

schlau|katzeblaugehenesdonnerstagachtzigkunst

1. lieb – intelligent – nett – _schlau_
2. fünfzig – sechzig – siebzig – _____
3. Mathematik – Biologie – Deutsch – _____
4. grün – gelb – rot – _____
5. laufen – schwimmen – fahren – _____
6. Hund – Pferd – Fisch – _____
7. Dienstag – Mittwoch – _____
8. ich – du – er – sie – _____

7 Partnerwörter: **Forma parejas que tengan sentido.**

weiß • Schüler • nein • Schwester • Katze • ~~Stuhl~~ • dein • Vater • du

1. Tisch – _Stuhl_
2. ja – _____
3. mein – _____
4. Hund – _____
5. Lehrer – _____
6. Bruder – _____
7. schwarz – _____
8. ich – _____
9. Mutter – _____

8 Verbensalat

a Lee y marca los siete verbos erróneos. Escribe el texto correcto en tu cuaderno.

~~heißen~~ • sprechen • mögen • kommen • gehen • reiten • schwimmen

Ich komme Miriam, bin 14 Jahre alt und ich schwimme in die 8. Klasse. Hier sind meine Tiere: Das ist Beppo. Er ist ein Papagei und kann reiten. Er ist bunt und sehr intelligent. Ich habe auch zehn Fische. Es sind Guppys und sie gehen im Aquarium. Meine Fische sind nur 4 cm groß. Meine Katze ist schwarz und ihr Name ist Olga. Sie mag Flocky nicht. Flocky ist mein Hund. Er mag aus England, er ist ein Setter. Er heißt Steaks, das ist sein Lieblingsessen. Mein Pferd Tornado ist schon 14 Jahre alt, so wie ich. Ich spreche es sechs Tage in der Woche.

Ich heiße Miriam, bin 14 Jahre alt und ich ...

b Comprueba con el CD.
1.43

c Subraya los posesivos en el ejercicio a y escríbelos en la tabla.

	Singular			Plural
	der Hund / der Papagei	das Pferd	die Katze	die Fische / die Tiere
ich				meine Tiere
du		dein Pferd		
er/es				
sie				

d Completa la tabla con los posesivos que faltan.

5

Eine, meine, keine

9 „Monikas Katze ist weg"

   a **Completa el texto.**

   Handy • wie • weg • Garten • suche • ist • trinkt • keine • kalt • ~~um~~ • esse • deine • ruft

   Kurt kommt _um_ halb zwei aus der Schule. Zu Hause isst er eine Pizza und _____
   eine Cola. Sein _____ klingelt. Es ist Monika. Ihre Katze Pong ist _____. Kurt sagt:
   „Ich _____ meine Pizza, dann suche ich _____ Katze."
   Der Hund von Kurt _____ auch weg. Kurt _____: „Robby!" Er sagt: „Jetzt esse ich
   meine Pizza, dann _____ ich."
   Die Pizza ist _____. Kurt mag _____ kalte Pizza. Er sucht die Tiere. Er ruft und dann geht
   er in den _____. Er telefoniert mit Monika und fragt: „_____ sieht deine Katze aus?"

   b **Comprueba con el CD.**
   1.44

   c **¿Cómo es el gato de Monika? Escucha y completa.**
   1.45

   Ihr Kopf ist gelb. _____ ist rot. _____ ist weiß.
   _____ sind schwarz und _____ weiß. Und _____ ist orange.

   > er/es → sein/seine
   > sie → ihr/ihre

   d **¿Cómo es el perro de Kurt? Mira el ejercicio 11b del libro del alumno.**

   Sein Schwanz ist ...

10 Fantasietiere

   a **Colorea el animal fantástico 1.**

   [1]

   b **Trabajad en parejas:
   A describe al animal 1 y B colorea.**

   Der Bauch ist ...

   [2]

11 Akkusativ

a Wer hat was? Une las imágenes con las fotos.

Emily hat einen Computer, eine Schultasche und ein Handy.
Max hat eine Banane, einen Kuli, zwei Hunde und Fische.
Johann hat ein Pferd, einen Vogel, eine Schultüte, Bleistifte und ein Heft.

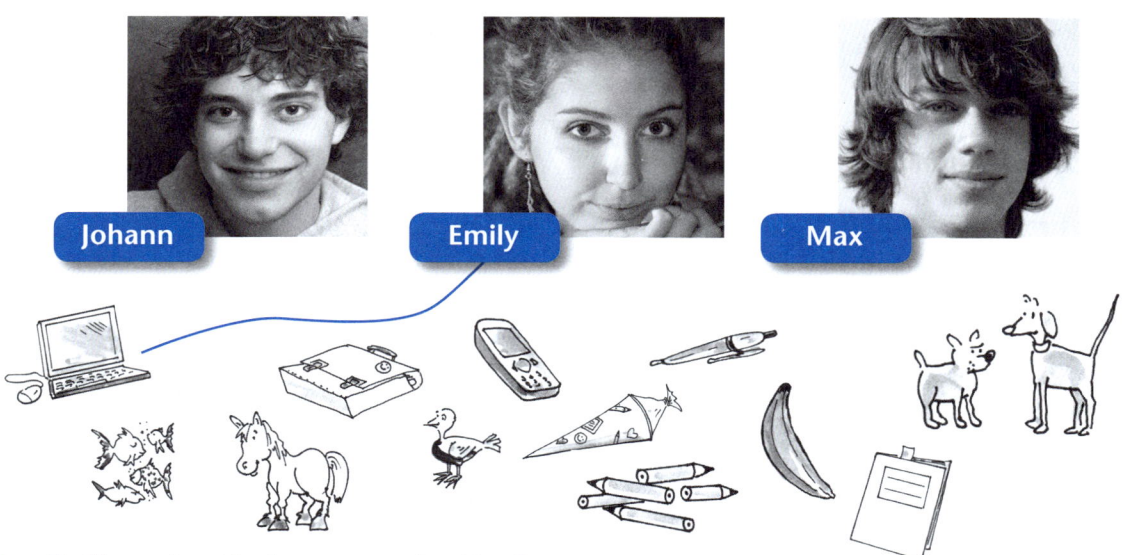

b ¿Cuál es el artículo en nominativo?

der Computer   _____ Handy   _____ Schultasche   _____ Bleistifte

_____ Kuli   _____ Pferd   _____ Banane   _____ Fische

_____ Vogel   _____ Heft   _____ Schultüte   _____ Hunde

c Escribe el artículo indeterminado en acusativo. (El ejercicio 11a te ayudará.)

	Singular			Plural
Nominativ	der (ein)	das (ein)	die (eine)	die (–)
Akkusativ	einen			

12 Completa.

das Saxofon • das Lineal • die Videokamera • die Biolehrerin • der Radiergummi • die Schultasche • der Hund • ~~der Papagei~~

> Los verbos *sein* y *heißen* no llevan acusativo

1. Kurt hat eine Katze. Monika hat einen _Papagei_____. Sie lieben Tiere.
2. Da ist mein Deutschbuch. Aber wo ist meine _____? Der Bus kommt.
3. Wie heißt dein Mathelehrer? Wie heißt deine _____? Sind sie nett?
4. Ich suche meine _____. Heute können wir in der Theater-AG filmen.
5. Hanna hat keinen Kuli, aber sie hat ein _____. Heute hat sie Geometrie.
6. Suchst du dein Heft? Nein, meinen _____. Ich korrigiere den Text.
7. Ist das eine Gitarre? Nein, das ist ein _____. Ich spiele in einer Band.
8. Sebastian mag seinen _____ sehr. Er heißt Trip und sein Fell ist braun.

5

Üben, üben, üben

13 Steffis Schultasche

a ¿Qué tiene Steffi? Escucha y marca con una cruz.
1.46

> Akkusativ maskulin:
> den
> einen
> meinen
> keinen

b Escribe el material escolar de Steffi.

Steffi hat: _eine Sporthose_ _____ _____
_____ _____ _____
_____ _____ _____

14 Was hast du in der Schultasche? Escribe seis útiles escolares. Compáralos en clase.

Ich habe: _ei_____ _____ _____
_____ _____ _____

15 Verben mit Akkusativ

a ¿Cuáles son estos verbos?

tragen   _m_____   _____   _____   _____

b Coloca los verbos del ejercicio a. (Hay varias posibilidades.)

1. Tom _trägt_ eine Schuluniform.
2. Die Schüler _____ ein Buch.
3. _____ du eine Mail?
4. Wir _____ eine CD von Pink.
5. Sie _____ ihren Biolehrer.

c Escribe frases como en el ejercicio b.

1. Ich _trage_ _e_____ Sporthose.
2. Ich _____ _____ Schulzeitung.
3. Lotte _____ _i_____ Stundenplan.
4. Wir _____ _k_____ Wort.
5. Er _____ _s_____ Kunstlehrerin.

16 Was passt? Relaciona según corresponda.

1. [c] Der Schüler fragt
2. [ ] Monika sucht
3. [ ] Die Schüler sehen
4. [ ] Ich finde
5. [ ] Kurt ruft
6. [ ] Mario macht
7. [ ] Ich lese
8. [ ] Der Schüler trägt

a. ein Interview.
b. seinen Hund.
c. einen Text.
d. ihre Katze.
e. seinen Lehrer.
f. einen Film.
g. meinen Deutschlehrer nett.
h. eine Uniform.

50 | fünfzig

17 Minidialoge: **Completad las frases y decidlas en clase.**

1. _Suchst_ du einen Füller? – Nein, einen Bleistift.
2. Was _____ ihr in der Schule? – Eine Schuluniform.
3. Wie _____ du meinen I-Pod? – Toll.
4. _____ Karin einen Papagei? – Nein, aber eine Katze.
5. Wann _____ ihr den Test? – Morgen.
6. _____ du deine Musiklehrerin? – Ja, sehr.

18 Completa las frases. Utiliza **ein/eine/einen**, **kein/keine/keinen** y el posesivo.

1. Konrad sucht _seinen Kuli._ (LIKU)
2. Mein Vater fotografiert s_____ (UTAO).
3. Ich mag k_____ (TRATEN).
4. Suchst du d_____ (NECHMÄPP)?
5. Die Direktorin findet i_____ (PLUNDENSTAN) nicht.
6. Der Schüler hat e_____ (BAUSENTROP).

19 Richtig (r), falsch (f) oder „?". **Lee el texto y marca con una cruz. (En el texto no aparece toda la información.)**

Ich heiße Rebecca, komme aus Österreich und wohne in Wien. Ich bin 14 und gehe in die 9. Klasse. Meine Klassenlehrerin heißt Frau Merten.
Ich mag Pferde, aber meine Lieblingstiere sind Hunde. Ich habe einen Pudel und zwei Doggen. Sie haben viel Energie und ich laufe jeden Morgen mit ihnen durch den Park. Am Abend bekommen sie ihr Futter: Das mache ich. Einmal im Jahr fahren meine Mutter und ich mit den Hunden zum Hundefrisör. Mein Vater findet das nicht gut; er sagt, Tiere mögen Frisöre nicht.
Mein Vater mag am liebsten Pferde. Er hat eine Reitschule mit 17 Pferden. Natürlich ist mein Hobby reiten. Ich reite montags und donnerstags eine Stunde am Nachmittag. Dann kommt auch oft meine Freundin Larissa und wir spielen zusammen oder hören Musik. Am liebsten mögen wir englischen Pop.

	r	f	?	
1.	☐	☐	☒	Rebeccas Klassenlehrerin unterrichtet Biologie.
2.	☐	☐	☐	Rebecca ist fünfzehn.
3.	☐	☐	☐	Ihre Mutter ist Lehrerin.
4.	☐	☐	☐	Rebecca mag Hunde.
5.	☐	☐	☐	Ihre Mutter gibt den Hunden Futter.
6.	☐	☐	☐	Rebeccas Hunde gehen zum Frisör.
7.	☐	☐	☐	Ihr Vater mag auch Tiere.
8.	☐	☐	☐	Rebecca reitet am Morgen.
9.	☐	☐	☐	Sie hört mit ihren zwei Freundinnen Musik.
10.	☐	☐	☐	Sie mag am liebsten Popmusik aus England.

5

Das kann ich

1 Puedo hablar sobre animales (color, edad, carácter). ☺ 😐 ☹ ▷ KB/AB S. 46–48

Philip hat eine _____.

_____ Katze heißt Trine und ist 12 Jahre alt.

_____ Beine sind _____.

Trine _____ sehr süß.

Sie hat keinen _____.

Sie mag _____.

Und was ist _____ Haustier?

2 Puedo decir lo que me gusta y lo que no. ☺ 😐 ☹ ▷ KB/AB S. 45

ich mag ... • mein Lieblingsfach ist ... • ich mag kein/e/n ... • meine Lieblingsmusik ist ...

☹	😐	☺
	Ich mag meinen Bruder. Ich mag ...	

3 Puedo encontrar la información importante en los textos: sobre el ejercicio 19 del libro de ejercicios. ☺ 😐 ☹ ▷ KB/AB S. 51

Woher kommt Rebecca? _____

Wie heißt Rebeccas Klassenlehrerin? _____

Wann bekommen die Hunde Futter? _____

Was ist Rebeccas Hobby? _____

So lerne und übe ich

4 Busco parejas de palabras afines. a menudo a veces nunca

Tisch – _Stuhl_   mein – _____   klein – _____

Hund – _____   Lehrer – _____   er – _____

5 Recopilo, ordeno y sistematizo formas (SOS). a menudo a veces nunca

Ich habe einen Fisch.   Der Fisch ist rot.   Mirko sucht eine Ratte.   Die Ratte ist sein Lieblingstier.
Thea mag Tiere.   Sie hat ein Pony.   Das Pony heißt Kim.   Die Tiere sind super lieb.

Nominativ _der_ (ein) Fisch   _____ (ein) Pony   _____ (eine) Ratte   _____ (–) Tiere

Akkusativ _e___ Fisch   _____ Pony   _____ Ratte   _____ Tiere

52 zweiundfünfzig

Lust auf Freizeit?

1 Sporty und Daisy

a ¿Qué palabras son?

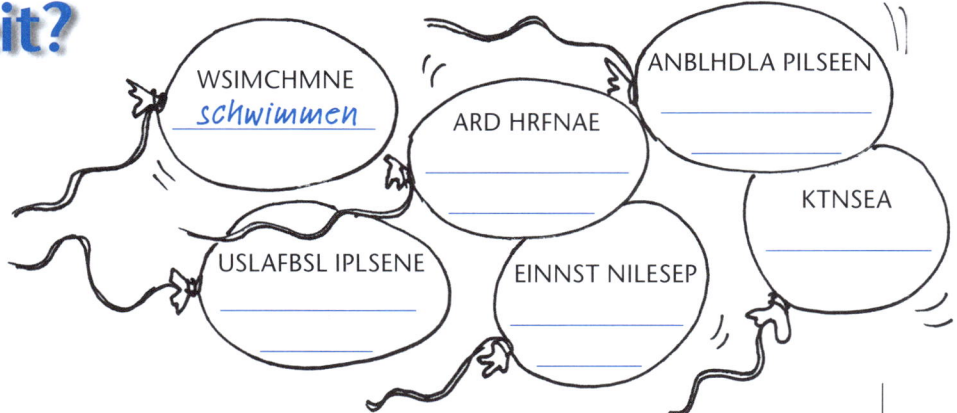

- WSIMCHMNE — schwimmen
- ARD HRFNAE — ____
- ANBLHDLA PILSEEN — ____
- USLAFBSL IPLSENE — ____
- EINNST NILESEP — ____
- KTNSEA — ____

b **Wie ist dein Comic?** Completa los bocadillos con la ayuda de las casillas de palabras.

Am Montag · Am Dienstag · Am Mittwoch · Am Donnerstag · Am Freitag · Am Samstag

Sporty:	Daisy:
Wie findest du …? • Gehen wir …? • Ich … • surfen • tauchen • Gitarre/Klavier/Basketball spielen • Ski fahren • kochen • Eis essen • fotografieren • Englisch/Spanisch lernen …	Nein. • Ich habe keine Zeit. • Das geht nicht. • Ich habe keine Lust. • Da kann ich nicht. • Ja. • Klar! • Gerne. • Wann? • Prima! • Toll! • Super!

c **Was macht Sporty wann?** Lee el cómic. Escribe frases en el cuaderno.

Sporty spielt am … Basketball. …

6

Wohin?

2 Sudoku

a Escribe las palabras bajo las ilustraciones.

Kommst du mit ins Schwimmbad?

					shoppen
	Konzert			Fußball	
		Kino	Fußball		
		Konzert	Kino		
	shoppen			schwim-men	
Konzert				Kino	

b Resuelve el *sudoku*. Escribe las palabras en las casillas. Cada una de las seis palabras solo debe aparecer una vez en cada fila, cada columna y cada casilla (3x2).

3 Kommst du mit? Escribe las palabras en la tabla. El libro del alumno te ayudará.

~~Schwimmbad~~ • Tom • Party • Stadt • Sportplatz • Kino • Konzert • Freizeitpark • shoppen • Zoo • skaten • Tennis spielen • Museum • Schule • tanzen • ~~Fußball spielen~~

Ich gehe ins ...

ins (4)	in die (2)	in den (2)	auf den (1)	zu (1)	zur (1)	Infinitiv (5)
Schwimm-bad,						Fußball spielen

4 ¿Dónde va cada una?

Ja, gerne. • Schade, das geht nicht. • Super. • Klar. • Ich kann (leider) nicht. • Prima. • Ich weiß noch nicht. • Das geht. • Schade. • Das tut mir leid. • Gerne. • ~~Vielleicht.~~ • Mal sehen. • Perfekt. •

Kommst du mit ins Kino?

Ich kann leider nicht.

☺	😐	☹
	Vielleicht.	

54 vierundfünfzig

5 Hast du Zeit?

a Completa el diálogo.

Hast du am Wochenende Zeit? • Am Samstag. • Hallo Lukas, hier ist Finn. •
Jan und ich gehen ins Kino. Kommst du mit?

- ● _Hallo Lukas_ ○ Hallo Finn.
- ● _____ ○ Wann genau?
- ● _____ ○ Hmm, ich weiß noch nicht.
- ● _____ ○ Mal sehen.

b Comprueba con el CD.
1.47

6 Diktat. Escucha. Escribe las frases que faltan.

1.48

Hallo Sara, hier ist Eva. → Hallo Eva.

Hast du _____ _____ Zeit? ← Ja, wann denn genau?

Um _____ Uhr. → Ja, das geht. Was machst du?

Ich gehe mit Lisa _____. ← Super, ich komme mit.

7 Hallo Jonas …

a Numera el diálogo según el gráfico.

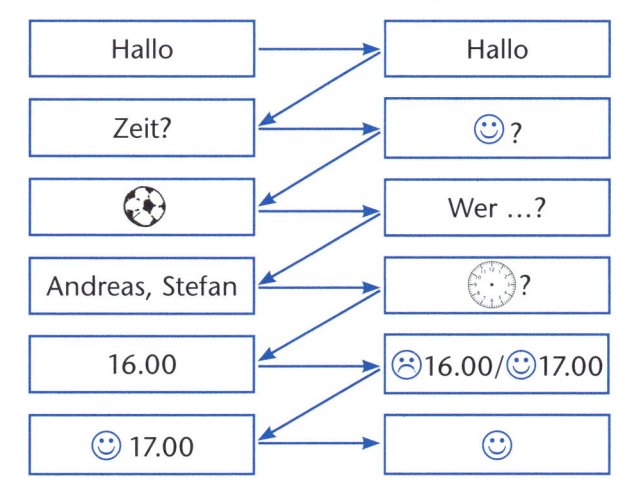

Hallo	→	Hallo
Zeit?	←	☺ ?
⚽	→	Wer …?
Andreas, Stefan	←	🕐 ?
16.00	→	☹16.00/☺17.00
☺ 17.00	←	☺

☐ Wer kommt mit?
☐ Hallo Matthias.
☐ Andreas und Stefan.
☐ Wir spielen Fußball.
[1] Hallo Jonas, hier ist Matthias.
☐ Um 4 kann ich nicht, ich komme um 5.
☐ Super, bis dann.
[8] Wann?
☐ Ja, warum?
☐ Hast du heute Nachmittag Zeit?
☐ Um 4.
☐ Gut, dann bis 5 Uhr.

b Comprueba con el CD.
1.49

c Escribe el diálogo en el cuaderno.

d Escúchalo de nuevo. Presta atención a la entonación y repite.
1.50

e Escribe un diálogo concertando una cita en el cuaderno.

6

Verabredung & Verben in zwei Teilen

8 Peter und Sabine – ein Missverständnis

a ¿Cuáles son estas palabras con artículo? La lista del libro del alumno te ayudará.

1. _die_ Ro_se_   2. _____ Leder_____   3. _____ B_____

4. _____ Ba_____   5. _____ _____nk   6. _____ _____gen

b **Ordena el texto.**

1. Auch Sabine ist glücklich. Sie trägt ihr neues Top und fährt mit dem Fahrrad zur Bank! Es ist gleich 3 Uhr.
2. So ein Pech! Peter und Sabine fahren zurück nach Hause. Sabine ruft Peter an!
3. Sabine mag Peter und Peter mag Sabine. Heute ruft Sabine an. Sie will Peter treffen.
4. Jetzt ist es schon halb vier und es fängt an zu regnen. Peter ist nicht da. Sabine ist nicht da.
5. Dann kauft er eine rote Rose und nimmt den Bus. An der Bank steigt er aus.
6. Peter sucht sein Handy in der Jacke: „Kein Handy, nichts!" Sabine sucht ihr Handy in der Tasche: „Mist! Der Akku ist leer."
7. Sabine wartet auf Peter. Wo ist Peter?
8. „Hallo Peter! Um 3 Uhr an der Bank? Ich freue mich!" Es ist das erste Mal! Peter ist sehr froh und zieht seine Jeans und seine neue schwarze Lederjacke an.
9. Peter wartet auf Sabine. Wo ist Sabine?
10. Da ist niemand! Beide sind nass und wütend! So ein Mist! Was ist los? „Wo ist Peter?" – „Wo ist Sabine?"

_3_, ___, ___, ___, ___, ___, ___, ___, ___, ___

c **Comprueba con el CD y lee de nuevo el texto en voz alta.**
1.51

9 Trennbare Verben

a **Señala los verbos. Escribe los infinitivos.**

1. Das Training **hört** um sieben Uhr **auf**.   _aufhören_
2. Wir schreiben die Hausaufgaben ab.   _____
3. Ich stehe jeden Tag um 7.30 Uhr auf.   _____
4. Felix ruft heute seinen Freund an.   _____
5. Susanne macht den Fernseher an.   _____

b **Completa las frases.**

ankommen	1. Ich _komme_ um 8 Uhr in der Schule _an_.
abholen	2. Ich _____ Susanne _____.
aufhören	3. Die Schule _____ um 13 Uhr _____.
aufstehen	4. _____ du um 8 Uhr _____?

56 sechsundfünfzig

10 Escribe las frases.

1. Die Schüler – abschreiben – die Hausaufgaben – in der Schule
   Die Schüler schreiben die Hausaufgaben in der Schule ab.

2. Er – anrufen – heute Abend – seine Freundin
   _____

3. Wir – aufstehen – am Sonntag – spät
   _____

4. Nina – abholen – heute Abend – ihre Freunde
   _____

5. Ich – anmachen – heute Nachmittag – den Fernseher
   _____

11 Was macht Nina?

a Completa el texto.

mache … an • schreibe … ab • hört … auf • mache … an • komme … an • rufe … an • ~~stehe … auf~~

Ich *stehe* jeden Morgen um sieben Uhr *auf*. Dann _____ ich den CD-Spieler _____ und höre Musik. Um halb acht trinke ich einen Kakao. Um zehn vor acht _____ ich in der Schule _____ und treffe meine Freundinnen. Um acht Uhr beginnt der Unterricht. In der Pause _____ ich schnell meine Hausaufgaben _____. Ich vergesse sie immer! Um 13 Uhr _____ der Unterricht _____. Ich fahre mit dem Bus nach Hause. Manchmal gehe ich auch in die Stadt. Zu Hause _____ ich zuerst meine Freunde _____. Manchmal besuche ich sie auch. Am Abend _____ ich oft den Fernseher _____.

b Comprueba con el CD.
1.52

12 Dein Tagesablauf

a ¿Cuál es tu horario diario? Escribe el texto en el cuaderno.

aufstehen • Kakao/… trinken • das Fahrrad nehmen / zu Fuß gehen / … • in der Schule ankommen • der Unterricht beginnt • der Unterricht hört auf • Freunde anrufen • Hausaufgaben machen • Fernseher anmachen • Fußballtraining/Klavierunterricht haben • …

Ich stehe um 7 Uhr auf. Ich trinke um halb acht einen …

b Lee tu texto en voz alta.

Mein Tag – meine Woche & Nein, ich kann nicht …

13 Was machen die Personen?

a Busca el camino.

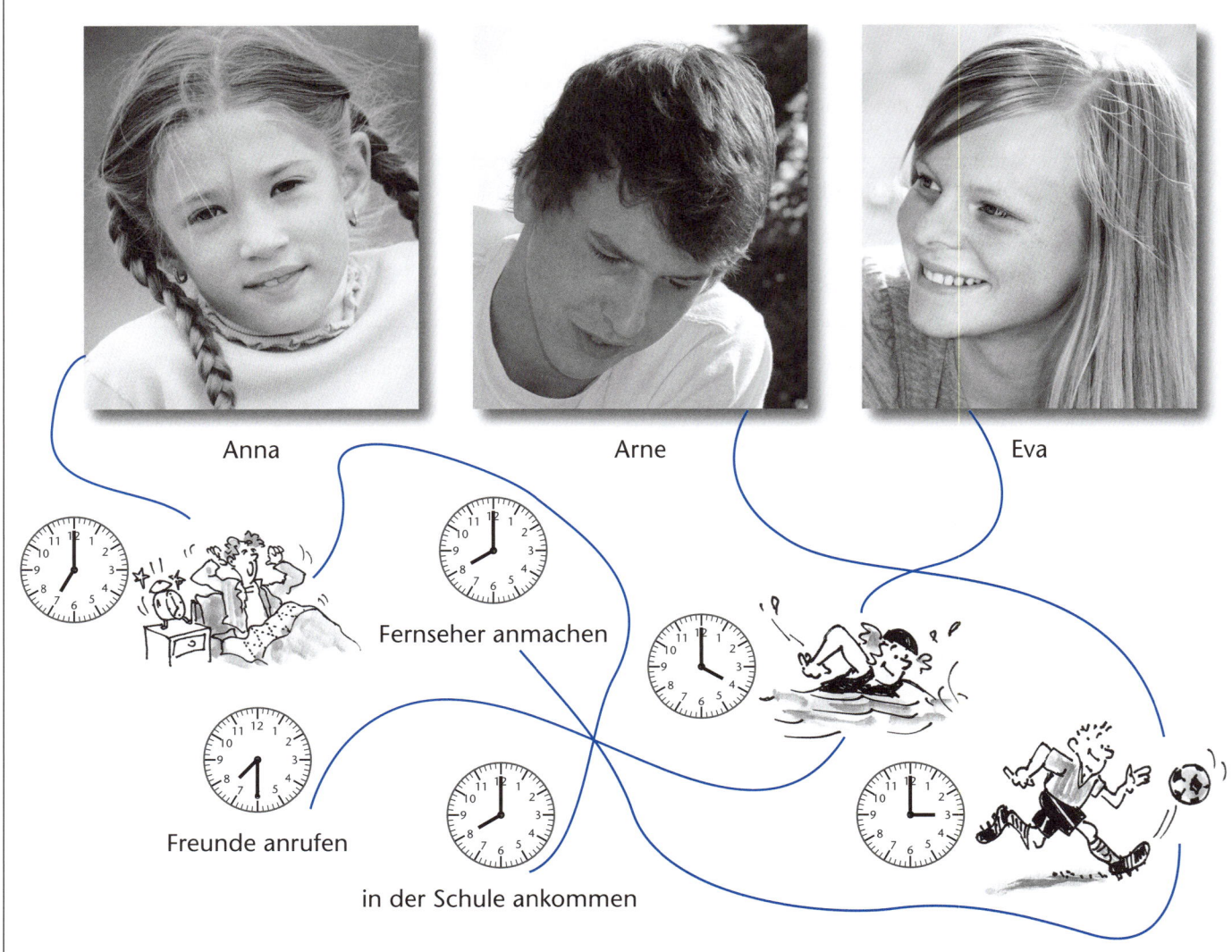

Anna   Arne   Eva

Fernseher anmachen

Freunde anrufen

in der Schule ankommen

b Escribe los horarios en tu cuaderno.

Anna wacht um 7 Uhr auf.

14 Was mag Daniel nicht? Was hat er nicht? Escribe frases.

1. Susanne hat einen Hund.
2. Andreas mag Papageien.
3. Ich mag Computerspiele.
4. Ich mache Hausaufgaben.   Und Daniel?
5. Finn hat Bleistifte.
6. Sara mag Bücher.
7. Ich habe ein Pferd.

Daniel hat keinen Hund.
Daniel mag _____

Akkusativ
keinen
kein
keine

15 Wer kann was?

a Maria kann (nicht) ... Escucha y escribe frases.

tanzen • Fußball spielen • essen • ins Schwimmbad gehen •
zur Party von Peter gehen • fernsehen • in den Freizeitpark gehen •
skaten • Rad fahren • Computerspiele machen • …

Sie kann nicht tanzen.

b Und Lukas? Was kann Lukas (nicht)? Escribe frases.

Lukas kann tanzen, aber er kann nicht _____

16 Du bist der Nein-Typ. Escribe las frases en forma negativa.

1. Ich kann ✱ schwimmen — *Ich kann nicht schwimmen.*
2. Ich gehe ✱ gerne ins Theater.
3. Ich stehe ✱ jeden Morgen um 7 Uhr auf.
4. Ich singe ✱ gern.
5. Am Montag habe ich ✱ Tanzkurs. — *Am Montag habe ich keinen Tanzkurs.*
6. Ich mag ✱ Pizza.
7. Ich habe ✱ Computer.
8. Ich mag ✱ Hunde.

> Verb + *nicht*
> *kein* + Nomen

17 Verneinung – Completa con nicht o keinen, kein, keine.

1. Sabine wartet auf Peter, aber er kommt *nicht*.
2. Am Freitag geht es _____, da habe ich leider _____ Zeit.
3. Ich kann heute _____ kommen. Ich habe _____ Fahrrad.
4. Das Konzert fängt _____ um 20 Uhr an. Es beginnt um 21 Uhr.
5. Jan kommt _____ mit in die Pizzeria, er mag _____ Pizza.

*Ich kann nicht singen.
Ich mag keine Hunde.*

neunundfünfzig | 59

6

Das kann ich

1 Puedo concertar citas y aceptarlas/rechazarlas. ☺ ☺ ☹ ▷ KB/AB S. 54/55

● Hallo Sandra, hier ist Laura. Ich gehe _____.

Hast du _____?

○ Wann gehst du denn?   ● _____

○ _____ ☺. – _____ ☹.

2 Puedo decir lo que me gusta/no me gusta y ☺ ☺ ☹ ▷ KB/AB S. 59
lo que puedo hacer/no puedo hacer.

Ich mag Computerspiele, aber ich mag keine Bücher.

_____

Ich kann nicht tanzen, _____

_____

_____

3 Puedo hacer y contestar preguntas acerca del horario. ☺ ☺ ☹ ▷ KB/AB S. 57

aufwachen: Wann _wachst_ du _auf_? – Ich wache um _____
aufstehen: Wann _____ du _____? – _____
ankommen: Wann _____ du in der Schule _____? – _____

So lerne und übe ich

4 Escucho y marco el acento. a menudo a veces nunca

🔊 an|rufen • anmachen • abholen • aufhören • mitkommen
1.54

5 Practico diálogos a partir de gráficos. a menudo a veces nunca

Hallo   _Hallo Marco!_ _____ → Hallo _Hallo_ _____
Zeit?   _____ ⇄ +/? _____
Freizeitpark _____ ⇄ +/? _____
🕐   _____ → +   _____

60 | sechzig

Was ich alles mache ...

1 **Wann?**

a Escribe los periodos de tiempo que corresponden a cada dibujo.

~~Vormittag~~ • Abend • Wochenende • Ferien • Morgen • Nachmittag • Mittag

2. Am _Vormittag_

3. Am _____

4. Am _____

5. Am _____

1. Am _____

in den _____   am _____

b En el ejercicio a señala cuándo tienes tiempo libre.

2 **Hobbys**

a ¿Cuáles son estas aficiones? Escríbelas.

1. erratiG neleips   _Gitarre spielen_
2. rehcüB nesel   _____
3. netraK neleips   _____
4. darrhaF nerhaf   _____
5. ednuerF neffert   _____
6. ni eid tdatS neheg   _____
7. llabßuF neleips   _____
8. scimoC nesel   _____

b ¿Cuándo practicas tus aficiones? Los ejercicios 1 y 2 te ayudarán.

Hobbys	Wann?
Fußball spielen	_am Wochenende_
	in den Ferien

7

Am Morgen, am Mittag, …

3 Ein Interview mit Peter

a ¿Cuál es cierta? Escucha el CD y marca con una cruz.
1.55

1. Um 7.30 fahre ich in die Schule. ☒
   Um 7.30 gehe ich in die Schule. ☐
2. In der Mittagspause gehe ich nach Hause. ☐
   In der Mittagspause bleibe ich in der Schule. ☐
3. Am Mittwoch spiele ich Basketball. ☐
   Am Mittwoch spiele ich Fußball. ☐
4. Am Samstag gehe ich mit Freunden in den Jugendclub. ☐
   Am Samstag gehe ich mit Freunden ins Kino. ☐
5. Am Abend höre ich Radio. ☐
   Am Abend lese ich und höre Musik. ☐

b Escribe una frase del ejercicio a.

Position 1   Position 2

_____   _____   _____   _____

4 Nickys Woche – deine Woche

a ¿Cuándo hace Nicky sus actividades? Escribe.

21 Montag	22 Dienstag	23 Mittwoch	24 Donnerstag	25 Freitag	26 Samstag	27 Sonntag
Computer-spiele		Fußball	Gitarre	Basketball	Jugendclub	

Am Montag   *macht*   *Nicky*   *Computerspiele.*

_____   _____   _____   _____
_____   _____   _____   _____
_____   _____   _____   _____
_____   _____   _____   _____

b ¿Qué haces tú durante la semana?

Am Montag   *spiele*   *ich*   _____

Am Montag spiele ich Fußball.

Am _____   _____   _____   _____
Am _____   _____   _____   _____
Am _____   _____   _____   _____

Aktivitäten

5 **Was machst du gern? Was findest du gut?** Completa las frases.

Spaghetti • Hip Hop • ins Kino • ~~Musik~~ • ~~Jeans~~ • Krimis • Rad fahren • Computerspiele

1. Ich höre gern _Musik._
2. Ich esse _____ _____ .
3. Ich m_____ _____ _____ .
4. Ich gehe _____ _____ _____ .
5. Ich finde _Jeans_ gut!
6. Ich finde K_____ _____ .
7. Ich _____ H_____ H_____ gut.
8. Ich _____ _____ _____ .

6 **Das Wochenende von Sophie und Chiara**

a **Wer macht was?** Escucha. Relaciona y escribe los nombres (S=Sophie, C=Chiara).
(1.56)

b Escucha de nuevo el texto 6a. Páralo después de cada frase y completa. Compruébalo luego con el CD.

☺ gern   ☺☺ lieber
☺ gut   ☺☺ besser

Sophie: Am Samstag _spiele_ ich Klavier und am Nachmittag _____ ich Zirkus: Das habe ich _____ . Am Sonntag lese ich _____ , aber ich faulenze noch _____ . Am Sonntag mache ich _____ Hausaufgaben.

Chiara: Am Wochenende _____ ich und _____ gern, aber im Moment tanze ich _____ . Hausaufgaben am Wochenende _____ ich _____ _____ gut. Ich finde faulenzen _____ . Ja, was noch, ... Ich esse _____ Spaghetti und Pizza. Im Moment esse ich _____ Salat.

7 *Lieber* oder *besser*?

a **Pregunta o responde.**

1. Fußball ☺ / Hockey ☺☺
2. Tennis ☺☺ / Basketball ☺
3. Computerspiele ☺ / Kartenspiele ☺☺
4. Lesen ☺☺ / Musik hören ☺

1. Was findest du besser: Hockey oder Fußball? – _Hockey finde ich besser als Fußball._
2. _____ ? – Tennis spiele ich lieber als Basketball.
3. Was machst du lieber: Computerspiele oder Kartenspiele? – _____
4. _____ ? – Lesen finde ich besser als Musik hören.

Was machst du lieber: ... oder ...?

Was findest du besser: ... oder ...?

b Escribe cinco preguntas para tus compañeros.

Fragen, Fragen, Fragen

8 **Unregelmäßige Verben.** ¿Qué formas se corresponden entre sí? Escribe y marca como en el ejemplo.

treffen • ~~essen~~ • fahren • lesen • ~~laufen~~ • sprechen • sehen • können • mögen • sein • haben

~~er läuft~~ • er trifft • er kann • ~~er isst~~ • er liest • er ist • er mag • er hat • er fährt • er spricht • er sieht

essen: er/es/sie isst ; _laufen: er/es/sie läuft_ ; _____

_____

_____

_____

9 *lieber als / besser als*

a Was macht Sophie lieber? Was findet sie besser? **Escucha y marca.**
1.57

    a. Wasser/Cola (trinken)   e. Hip Hop/Rockmusik (hören)

    b. Fußball/Hockey (finden)   f. Deutsch/Mathe (üben)

    c. Hamburger/Pizza (essen)   g. Skaten/Rad fahren (finden)

    d. Bücher/Comics (lesen)   h. Auto/Bus (fahren)

b Escribe seis frases a partir del ejercicio a. Después, pregunta a un compañero y escribe la respuesta. Luego cuéntalo en clase.

> Sophie trinkt lieber Wasser als Cola. Und du? Was trinkst du lieber?

> Sophie findet Fußball besser als Hockey. Und du? Was findest du besser?

> ... trinkt lieber ... als ...

> ... findet ... besser als ...

10 Pregunta a tu profesor de alemán y escribe la respuesta.

1. Was essen _____ gern?
2. Was trinken _____ _____ ?
3. Spielen _____ lieber Tennis _als_ _____ Fußball?
4. _____ _____ lieber Auto _____ Fahrrad?
5. _____ _____ lieber in die Disco _____ ins Kino?
6. _____ _____ lieber Englisch _____ Deutsch?

> Lesen Sie ...?
> Was essen Sie ...?
> Sprechen Sie ...?

Das bin ich

11 Trennbare Verben im Unterricht

a Escucha, repite y marca el acento.

1.58 **ein**laden • anrufen • aufstehen • anfangen • zuhören • vorstellen • aufschreiben • nachsprechen

b Completa la tabla.

deutsch	spanisch	er/es/sie
einladen	_____	lädt ... ein
anrufen	_____	_____
aufstehen	_____	_____
anfangen	_____	fängt ... an
zuhören	_____	_____
vorstellen	_____	_____
aufschreiben	_____	_____
nachsprechen	_____	spricht ... nach

c Completa las preguntas. El ejercicio b te ayudará.

1. _Stehst_ du am Morgen auch um 7 auf?
2. _____ du auch Tommy zur Party ein?
3. _____ du Oma an?
4. _____ du seinen Namen auf?
5. Wann _____ die Party an?
6. _____ du bitte den Satz nach?

12 Steckbriefe

a Escribe un texto. Los datos los tienes en la ficha.

ROGER FEDERER

Nachname: Federer
Vorname: Roger
Land: Schweiz (Mutter aus Südafrika)
Wohnort: Kanton Schwyz
Sprachen: Deutsch, Englisch, Französisch
Hobbys: Golf, Fußball, Ski fahren, Freunde treffen, Karten spielen

Das ist Roger _Federer_. Er _____ _____ _____ Schweiz.
Seine Mutter _____ aus Südafrika. Er _____ im Kanton Schwyz.
Er _____ Deutsch, _____ und _____. Er ist Tennisspieler
und macht viel Sport. Er _____ Golf _____ Fußball und er _____
gern Ski. Er _____ Freunde und spielt _____ Karten.

b Hast du eine/n Lieblingssänger/in oder eine/n Lieblingssportler/in?
Escribe su ficha. Busca la información en Internet.

c Cuéntalo luego en clase.

7 Hobby Shopping

13 Kleidung

a ¿Qué prendas de vestir conoces de otros idiomas (inglés, francés, español, ...)? Márcalo.

der Pullover • die Jeans • das Kleid • das T-Shirt •
die Jacke • die Hose • die Bluse • die Schuhe • der Schal

b ¿Cuáles son estas prendas de vestir? Busca en el ejercicio a y escríbelas en alemán y en español.

deutsch	spanisch
1. das Kleid	_____
2. _____	_____
3. _____	_____
4. _____	_____
5. _____	_____
6. _____	_____

14 ¿Cuáles son los colores?

1. heunbrall _hellbraun_
2. tor _____
3. heulball _____
4. lehlnügr _____
5. kelnügrdun _____
6. saro _____
7. alil _____
8. anoger _____
9. ugra _____
10. legb _____
11. azschwr _____
12. ißew _____

15 ¿Qué es lo que no corresponde? Márcalo.

1. grün, dunkelgrau, blöd, schwarz
2. cool, klasse, gelb, super
3. gut, zurück, gern, lieber
4. orange, langweilig, weiß, schwarz
5. Schuhe, Kleid, Euro, Hose

16 Was suchst du? Clasifica la ropa del ejercicio 13a.

Ich suche ...

einen	ein	eine	–
Pullover			

17 Dialoge

a Escribe diálogos y represéntalos en clase con otros compañeros.

Dialog 1
- ● Was suchst du?
- ○ _Einen_ Pullover
- ● Wie findest du _____ hier?
- ○ Schwarz? Ich weiß nicht.
- ● Und _____ hier?
- ○ _____ ist total langweilig!
- ● Und hellblau?
- ○ Ja, _____ ist schön!
  Okay, _____ nehme ich!

(an der Kasse)

- ● Hallo!
- ○ Guten Tag! Ich möchte _____ Pullover!
- ● _____ hier?
- ○ Ja, bitte.
- ● Das macht 45,30.
- ○ 50,– bitte.
- ● 4,70 zurück.
- ○ Auf Wiedersehen!
- ● Danke, auf Wiedersehen!

Dialog 2
- ○ Ich möchte _eine_ Jacke.
- ● Gefällt dir _____?
- ○ Nein, _____ finde ich blöd!
- ● Und wie gefällt dir _____?
- ○ Ja, _____ sieht gut aus
  Okay, _____ nehme ich.

(an der Kasse)

- ○ Guten Tag.
- ● Hallo, nimmst du _____ Jacke?
- ○ Ja, _____ hier!
- ● Das macht 78,– Euro.
- ○ 100,– bitte.
- ● 22,– zurück.
- ○ Auf Wiedersehen, danke.
- ● Tschüs und danke!

⚠ der – den – einen ⚠
das – das – ein
die – die – eine

b Escribe otros diálogos como los del ejercicio a. Cambia la ropa (**Jeans, Kleid, Schal**), precios y colores.

18 ¿Qué se corresponde con los dibujos? Escribe una lista.

- ... ist cool/klasse.
- ... sieht cool/klasse aus.
- ... finde ich blöd/nicht gut.
- ... finde ich gut/besser. ...
- ... mag ich gerne.
- ... ist/sind schön/super.
- ... sieht doof/nicht gut aus.

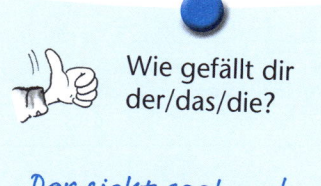

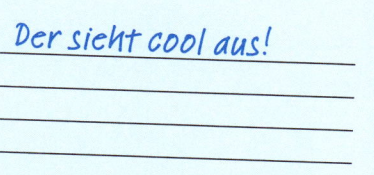

Wie gefällt dir der/das/die?

Der sieht cool aus!

Wie findest du den/das/die?

19 Deine Sachen, deine Farben ... Escribe frases en tu cuaderno.

Schuhe • Kleidung • Schultasche • Haare • Lieblingsfarbe

Meine Schuhe sind ...   Die finde ich ...   Meine ...

7

Das kann ich

1 Puedo nombrar mis aficiones. ☺ 😐 ☹ ▷ KB/AB S. 61, 62

_____

2 Puedo decir cuándo hago algo. ☺ 😐 ☹ ▷ KB/AB S. 61, 62

Ich _____ am Sonntag _____.
In den Ferien _____.

3 Puedo hacer y contestar preguntas sobre el tiempo libre. ☺ 😐 ☹ ▷ KB/AB S. 62, 64

Was machst du am Samstag? – _Am Samstag_ _____
Fährst du in der Pause nach Hause? – _____
_____? – In den Ferien gehe ich oft schwimmen.
_____? – Heute lese ich und sehe fern.

4 Puedo decir lo que me gusta/ prefiero hacer. ☺ 😐 ☹ ▷ KB/AB S. 63, 64

Ich _____ _____ _____ als _____. (Bücher/Comics)
Ich _____ _____ _____ als _____. (Gitarre/Klavier)

5 Puedo decir lo que me parece bien/mejor. ☺ 😐 ☹ ▷ KB/AB S. 63, 64

Ich finde _____ _____ _____ _____. (Sport/Musik)
Ich _____ _____ _____ _____ _____. (Bio/Mathe)

6 Puedo hacer y contestar preguntas sobre la ropa. ☺ 😐 ☹ ▷ KB/AB S. 67

Wie gefällt dir die Bluse? 👎 _____
Wie findest du das Kleid? 👍 _____ sieht _____
Wie _____ _____ der Pullover? 👍 _____ _____

So lerne und übe ich

7 Escribo tarjetas de gramática.   a menudo   a veces   nunca

Was kaufst/nimmst du?
(der Pullover/die Bluse/
das T-Shirt/die Schuhe)

Ich kaufe/nehme
den/einen Pullover,
die/eine Bluse,
das/ein T-Shirt,
die/– Schuhe

Ich trinke/esse/
mag/spiele ... lieber als ...

**Was trinkst/isst/magst/
spielst du lieber?**
(Milch/Wasser/Spaghetti/
Pizza/Tennis/Basketball)

Meine Familie – unser Zuhause

1 Emma und ihre Familie

a ¿Quiénes son las personas de las fotos (Vater, Tante, ... von Emma)? Discutid vuestras hipótesis en parejas.

> 2 ist die Mutter.

> Nein, 2 ist die Tante.

b ¿Qué imagen (a–e) corresponde a cada persona (1–5)? Relaciónalo con tus hipótesis.

1 ___ 2 ___ 3 ___ 4 ___ 5 ___

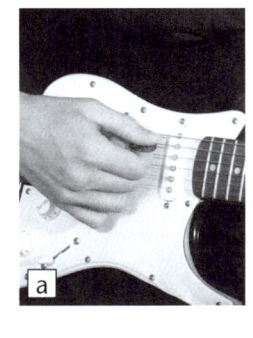

[1] _Emma_ [2] _____ [3] _____ [4] _____ [5] _____

[a] _____ [b] _Bibliothek_ [c] _____ [d] _____ [e] _____

c Escucha y comprueba tus hipótesis. Escribe la información correcta al pie de las fotos (a–e) y únelas con las personas (1–5).

d Escribe un dato de cada persona. Las fotos (a–e) te ayudarán.

1. _Emma geht gern in die Bibliothek._ .
2. _Ihre Mutter_ _____ .
3. _____ .
4. _____ .
5. _____ .

neunundsechzig **69**

8

Verwandte

2 Familie international

a ¿Qué palabras conoces? ¿Cuáles te ayudan? Márcalas y escríbelas luego en español.

deutsch	diese Wörter helfen	spanisch
Großmutter – Großvater Mutter – Vater Schwester – Bruder Tante – Onkel Cousine – Cousin	grand-père cousin grand-mère sister oncle brother madre uncle cugino father mother tante grandmother cousine	

b Coloca las palabras alemanas del ejercicio a.

Großvater

ich

3 Familienwörter

a Repite y marca el acento.

2.3

der Gro̱ßvater • die Tante • der Cousin • der Bruder • die Eltern • die Mutter • die Großeltern • die Schwester • die Großmutter • die Geschwister • der Vater • die Cousine • die Verwandten

b Di las parejas de palabras. Comprueba tu respuesta.

2.4

c Relaciona con las palabras adecuadas del ejercicio a.

der Vater	+	die Mutter	die Eltern
der Bruder	+	die Schwester	_____
der Großvater	+	die Großmutter	_____
der Onkel	+	die Tante	_____

der Vater ... die Mutter

4 Wer ist wo?

a Pon nombre a las personas de la imagen 1.

Volker

b Trabajad en parejas: A describe a las personas de su imagen (1) y B lo escribe en la imagen 2. Luego cambiad.

Volker ist vorne links.

5 Yannicks Familie

a Lee el texto y completa con las palabras de la familia. Los dibujos te ayudarán.

Ich heiße Yannick, bin 15 und wohne in Bern, in der Schweiz. Ich habe zwei ___Geschwister___: Mein _____ heißt Markus und meine _____ heißt Sara. Sie geht noch in die Schule. Markus studiert in Zürich. Unsere _____ heißen Klaus und Annette. Meine _____ ist Lehrerin und mein _____ Pilot. Die _____ von meiner Mutter ist 40 und heißt Karla. Sie ist meine _____. Mein _____ heißt Bernhard, er ist der Mann von Karla. Sein Hobby ist Surfen. Das Kind von Bernhard und Karla heißt Cornelia, das ist meine _____. Meine _____ _____ heißen Erika und Hans. Erika ist 79 und Hans 82.

Annette

Yannick

b Richtig (r) oder falsch (f)? Marca con una cruz y corrige las repuestas erróneas en el cuaderno.

                                                                                  r f

1. Yannick hat zwei Schwestern. ☐ ☒   *Er hat eine Schwester.*
2. Die Geschwister von Yannick gehen alle zur Schule. ☐ ☐
3. Bernhard und Karla sind die Eltern von Cornelia. ☐ ☐
4. Die Mutter von Yannick arbeitet in der Schule. ☐ ☐

Komm rein!

6 Zu Hause

a Hör zu. Wohin geht Mia? Escucha. Dibuja el camino.

Sie spielt Fußball.

Sie spielt am Computer.

b Escucha de nuevo el CD y ordena las frases.

- ☐ Mia geht ins Zimmer und spielt am Computer.
- ☐ Mia geht ins Wohnzimmer und telefoniert.
- ☒ 1 Mia geht ins Schlafzimmer. Ihr Vater schläft.
- ☐ Mia geht in die Küche und isst Pizza.
- ☐ Mia geht in den Garten und spielt Fußball.
- ☐ Mia geht ins Bad und duscht.

c Escribe el texto del ejercicio b en el orden correcto y utiliza **dann**, **zuerst**, **zum Schluss**, **danach**.

Verb: Position ___

Zuerst geht Mia ins Schlafzimmer. Dann _____

_____

_____

_____

d Was macht Mia wo? ¿Qué nos queda? Escribe las actividades en el plano del ejercicio a.

sie spielt Fußball • sie sieht fern • sie trinkt Kakao • sie macht Hausaufgaben • sie fotografiert die Vögel • sie schläft • sie ruft ihre Freundin an • sie duscht • sie faulenzt • sie liest ein Buch • sie frühstückt • sie isst Pizza • sie spielt am Computer

8

7 **Was ist in deinem Zimmer?**

a **Márcalo.**

die Jeans   das Kleid   die Bücher   die Schuhe   das Klavier   die Tür   das Regal
das Telefon   das Plakat   die Schultasche   die Hefte   die Gitarre   die Uhr   der Stuhl
die Katze   der Tisch   die Tafel   das Fahrrad   das Fenster   der Schrank   der Computer
                                                              das Pferd   das Radio

b ¿Qué hay en tu habitación? Trabajad en parejas y contadlo.

Es gibt einen Tisch, ein ...

«es gibt» siempre con acusativo

8 **Familien**

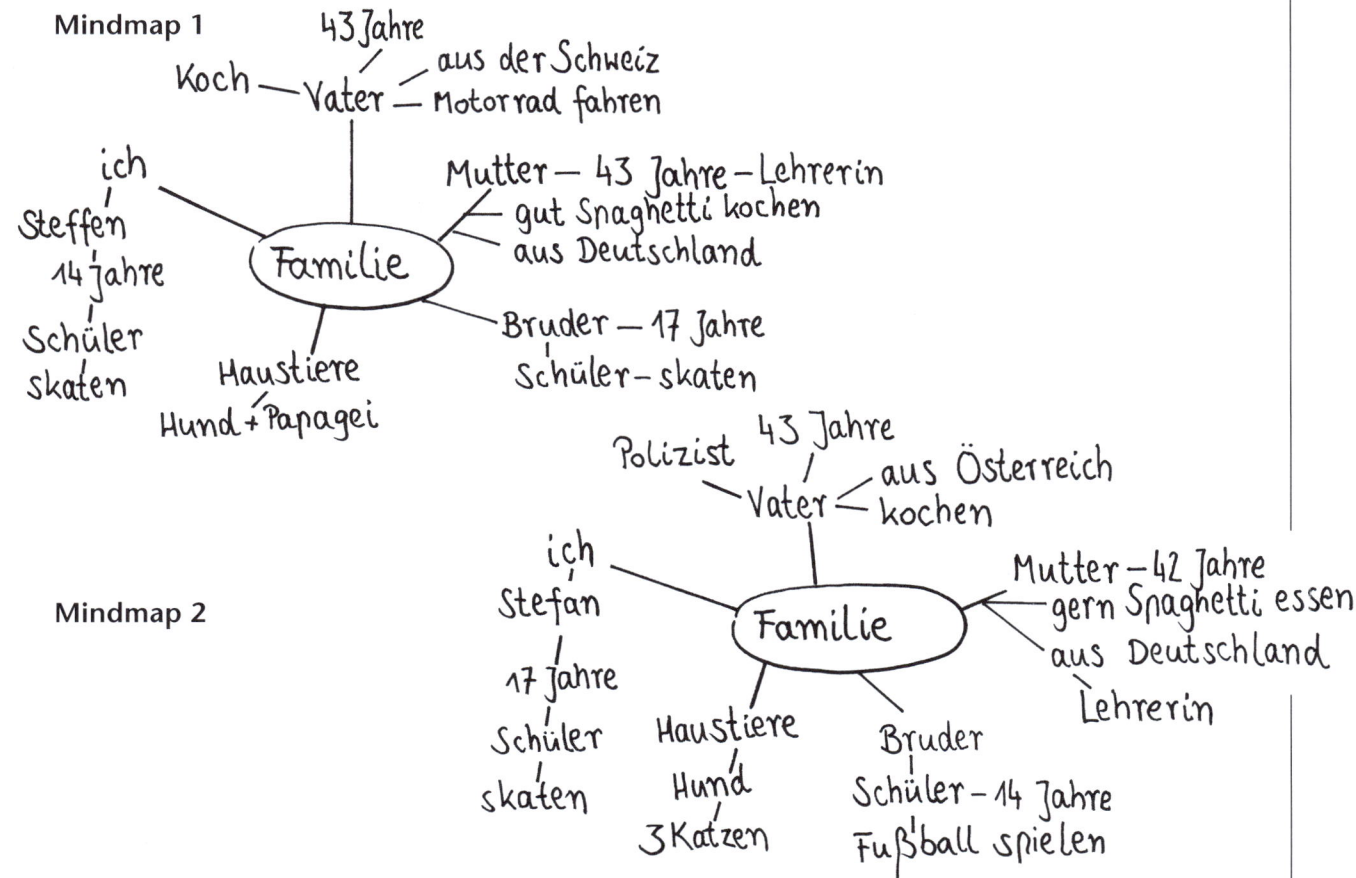

a Escucha el texto. ¿Con qué gráfico de asociaciones se corresponde? Marca con una cruz.
2.6

Mindmap 1

Koch — Vater — 43 Jahre / aus der Schweiz / Motorrad fahren

ich / Steffen / 14 Jahre / Schüler / skaten

Familie

Mutter — 43 Jahre — Lehrerin / gut Spaghetti kochen / aus Deutschland

Bruder — 17 Jahre / Schüler — skaten

Haustiere / Hund + Papagei

Mindmap 2

Polizist — Vater — 43 Jahre / aus Österreich / kochen

ich / Stefan / 17 Jahre / Schüler / skaten

Familie

Mutter — 42 Jahre / gern Spaghetti essen / aus Deutschland / Lehrerin

Haustiere / Hund / 3 Katzen

Bruder / Schüler — 14 Jahre / Fußball spielen

Lösung: Der Text passt zu Mindmap 1 ☐ / zu Mindmap 2 ☐.

b Trabajad en parejas. Practicad con el gráfico 2 del ejercicio a.

Seine Mutter ist ...

Er ist 17 Jahre. Er ist ...

9 Dibuja en tu cuaderno un gráfico de asociaciones «meine Familie» y luego escribe el texto correspondiente.

dreiundsiebzig

8

Ärger zu Hause

10 Krach mit den Eltern. Was passt? **Escucha y relaciona.**

2.7
a. Mach den Computer aus. ___   d. Beeil dich. ___
b. Mach sofort die Tür auf. ___   e. Mach sofort die Musik aus. _1_
c. Räum endlich dein Zimmer auf. ___   f. Mach zuerst die Hausaufgaben. ___

11 Was hörst du zu Hause?

a Completa las frases.

b Escribe respuestas ingeniosas. Las palabras de abajo te ayudarán.

1. _Lies_ mal ein Buch.   _Keine Lust._
2. _____ nicht so viel mit dem Handy an.   _____
3. _____ um 17 Uhr nach Hause.   _____
4. _____ Opa einen Brief.   _____
5. _____ dich. Wir essen gleich.   _____
6. _____ Deutsch. Du hast morgen den Test.   _____
7. _____ nicht so laut.   _____
8. _____ doch mit mir in die Bibliothek.   _____

Jetzt nicht. • Prima. • Oh Mann. • Super, mache ich. • Oh, langweilig. • Ja, gerne. • Morgen. • Du nervst. • Später. • Ja, gerne. • Keine Lust. • Toll. • Geh weg. • Lass mich in Ruhe!

c ¿Qué frases del ejercicio a dicen tus padres?

Nummer: _____

d Relaciona. Escribe luego otras «Eltern-Sätze» en el cuaderno.

1. ausmachen   a. deine Schwester   _Mach den Computer aus._
2. aufräumen   b. endlich die Tür
3. sein   c. nicht so spät
4. kommen   d. den Computer
5. abholen   e. dein Zimmer
6. aufmachen   f. pünktlich

12 Imperative zu Hause. **Escríbelos.**

1. (du) gehen – in dein Zimmer   _Geh in dein Zimmer._
2. (ihr) machen – die Hausaufgaben   _____.
3. (du) nicht so doof – sein   _____.
4. (ihr) pünktlich nach Hause – kommen   _____.

Sprache in der Klasse

13 Bitten in der Klasse.

a ¿Quién lo dice? Escribe L (Lehrer/ in) o S (Schüler/ in).

- [L] Sprich bitte lauter.
- [ ] Wiederholt die Vokabeln.
- [ ] Seid nicht so laut.
- [ ] Hilf mir!
- [S] Erklären Sie das, bitte.
- [ ] Gib mir bitte den Radiergummi.
- [ ] Schlagt bitte das Buch auf.
- [ ] Schreibt den Text ab.
- [ ] Lest bitte den Dialog vor.
- [ ] Buchstabieren Sie bitte das Wort.

b Marca los verbos del ejercicio a y escríbelos en la tabla. Completa las formas que faltan.

Infinitiv	du-Form	ihr-Form	Sie-Form
sprechen	sprich	sprecht	sprechen Sie

14 Imperativ im Arbeitsbuch. ¿Con qué se corresponde? Relaciona.

1. [c] Sprich nach.
2. [ ] Lies den Text.
3. [ ] Korrigiere.
4. [ ] Markiere die richtige Lösung.
5. [ ] Kreuze an.
6. [ ] Schreib Sätze und konjugiere das Verb.
7. [ ] Hör zu.

a. ~~Seid~~ *Seien* Sie leise.
b. [ ] der [ ] die [ ] das Familie
c. 🎧
d. können • er • Tennis spielen
e. 💿
f. Ich mag mein / meine / meinen Oma.
g. Auf dem Foto ist meine Familie. Hinten steht meine Oma Amalie. In der Mitte ist mein Onkel Fred. Tante Helga steht ...

8

Das kann ich schon

1 Puedo hablar y escribir sobre mi familia. 😊 😐 ☹ ▷ KB/AB S. 69–71, 73

Meine Mutter heißt _____ und ist _____. Mein Vater heißt

_____. Er mag _____. Ich habe _____ Geschwister.

Dann sind da noch: mein _____, meine _____, _____.

2 Puedo describir nuestra casa. 😊 😐 ☹ ▷ KB/AB S. 72/73

Hier kochen meine Eltern: *Das ist die Küche.*

Hier sieht die ganze Familie fern: _____

Hier spiele ich Fußball oder faulenze: _____

In meinem Zimmer? *Da kann ich* _____

3 Puedo dar y comprender instrucciones. 😊 😐 ☹ ▷ KB/AB S. 74/75

a Escucha. ¿Qué frase corresponde a cada imagen?
2.8

Bild A: ___   Bild B: ___   Bild C: ___   Bild D: ___

b Escribe frases sobre las otras imágenes. Utiliza el imperativo.

nachschlagen • korrigieren • ergänzen • ordnen

_____   _____

_____   *Ordne die Buchstaben.*

So lerne und übe ich

4 Busco palabras en otros idiomas   a menudo   a veces   nunca
que me ayuden a entender.

Mutter – *mother*   Onkel – _____   Garten – _____

Küche – _____   Bad – _____   Familie – _____

5 Cuento o escribo textos mediante   a menudo   a veces   nunca
gráficos de asociaciones.

mein Zimmer — die Küche — Bei uns zu Hause

Testtraining

P2

1 Domino: Jugad en parejas.

> Meine Mutter kocht ...
>
> ... in der Küche Spaghetti. Räum bitte ...

ihre Sportlehrerin. | Im Bad
seinen Hund. | Meine Mutter kocht | im Wohnzimmer fern. | Irene mag
im Garten Volleyball. | Am Vormittag | keine Zeit. | Mein Bruder liebt
ist Pause. | Holt ihr Oma | kann ich duschen. | Um 10 Uhr
in der Küche Spaghetti. | Räum bitte | am Bahnhof ab? | Das T-Shirt
haben wir Schule. | Familie Huber sieht | dein Zimmer auf. | Die Kinder spielen
 | | gefällt mir nicht. | Heute habe ich

2 Tobias hat Probleme in der Schule. ¿Qué le dirías a Tobias? Aconséjale.

> Tobias hat Probleme in der Schule. Er hört manchmal nicht zu und passt nicht auf. Oft macht er keine Hausaufgaben und schreibt dann bei Otto ab. Zu Hause liest er nicht viel, aber er sieht jeden Nachmittag fern. In seiner Freizeit macht er keinen Sport.

Mis consejos:

Hör immer zu! _____

_____

_____

3 Was fehlt? Copia las frases y sustituye ✱ por la palabra correcta.

ins • das • ich • auf • besser • ihren • seine Freunde • ~~um~~

1. Der Film fängt ✱ 20 Uhr an. *Der Film fängt um 20 Uhr an.*
2. Oliver spielt ✱ Saxofon als Klavier. _____
3. Räum doch endlich dein Zimmer ✱. _____
4. Am Wochenende habe ✱ keine Schule. _____
5. Anna sucht ✱ Hund. _____
6. Geht ihr mit ✱ Kino? _____
7. Und wie findest du ✱ hier? _____
8. Am Donnerstag trifft Timo ✱. _____

siebenundsiebzig **77**

Testtraining – Hören

- Du hörst **zwei** Gespräche.
- Zu jedem Gespräch gibt es Aufgaben.
- Kreuze an: Gespräch 1 (richtig/falsch); Gespräch 2 (a/b/c).
- Du hörst jedes Gespräch **zweimal**.

Gespräch 1

a Schau das Beispiel (0) an und lies die Sätze 1, 2 und 3.

	richtig	falsch
Beispiel:		
0 Katrin ruft ihre Freundin Marika an.	☒	☐
1. Sie gehen am Sonntag zu Patrick.	☐	☐
2. Patrick hat ein neues Computerspiel.	☐	☐
3. Marika kann nicht kommen.	☐	☐

2.9 b Hör das Telefongespräch und kreuze an. (richtig/falsch)

c Hör jetzt das Gespräch noch einmal und kontrolliere deine Lösung.

Gespräch 2

a Schau das Beispiel (0) an und lies die Sätze 4, 5 und 6.

Beispiel:
0 Der Junge sucht
   ☐ a eine Jeans.   ☐ b einen Pullover.   ☒ c eine Jacke.

4. Er mag
   ☐ a Grün lieber als Blau.   ☐ b Blau lieber als Grün.   ☐ c Grau lieber als Grün.

5. Er kauft
   ☐ a die blaue Jacke.   ☐ b die blaue Jeans.   ☐ c die grüne Jacke.

6. Die Jacke kostet
   ☐ a 49 Euro.   ☐ b 59 Euro.   ☐ c 60 Euro.

2.10 b Hör das Gespräch und kreuze an. (a, b oder c)

c Hör jetzt das Gespräch noch einmal und kontrolliere deine Lösung.

Testtraining – Lesen

Hier sind zwei Anzeigen aus einer Jugendzeitschrift. Lies sie.

Anzeige 1

Richtig oder falsch? Kreuze an.

> **BESSER DEUTSCH LERNEN? FERIENSPRACHKURSE FÜR KIDS**
>
> Du bist zwischen 13 und 16 und lernst in der Schule Deutsch? Dann sind unsere Ferienkurse genau das Richtige für dich.
>
> Deutschlernen in Deutschland oder Österreich – das ist unser Programm. Du kannst bei einer Familie oder auch im Internat schlafen. Am Morgen gibt es dann 4 Stunden Deutschunterricht in unserer Sprachschule. Am Nachmittag kannst du viele Aktivitäten wählen: Fußball, Tennis, Basketball, Zirkus-AG, Koch-AG ...
>
> **Kids-College**
> Alle Schulen haben ein Schwimmbad und einen Computerraum.
> Eine Woche Sprachferien kostet von 350 bis 520 Euro.
> Hast du Lust? Dann ruf an:
> 0049-221-2746279

	richtig	falsch
Beispiel:		
0 Bei Kids-College gibt es Französischkurse.	☐	☒
1. Die Sprachferien sind für Schüler.	☐	☐
2. Die Kids können bei einer Familie wohnen.	☐	☐
3. Sie können in der Schule auch schwimmen.	☐	☐

Anzeigen 2

a, b oder c? Welche Anzeige passt? Kreuze an.

a) Basketballclub Freiburg
Jungen und Mädchen von 14 bis 15
Training: Mo + Mi 19–20 Uhr

Informationen:
BC Freiburg
Burgstraße 48
79098 Freiburg

Informationen:
bcfreiburg1@hotmail.de

b) KOCHKURSE FÜR KINDER UND IHRE ELTERN
Einmal in der Woche nicht zu Hause essen? Wir von „Essen macht Spaß" treffen uns einmal in der Woche und kochen zusammen.

Wann? Dienstag 16–20 Uhr
Wo? Freiburg, Waldweg 12
Preis? 7 Euro pro Person

Telefon: 0761-489444 (mo + fr)

c) JUGENDTREFF FANTASIA
Samstag und Sonntag 14–18 Uhr

Aktivitäten:
Basketball, Volleyball, Hip Hop, Breakdance und vieles andere

1 Nachmittag: 5 Euro

Tel.: 0761-483804

	a	b	c
Beispiel:			
0 Hier kannst du auch tanzen.	☐	☐	☒
4. Hierhin kannst du nicht allein gehen.	☐	☐	☐
5. Hierhin kannst du nur am Wochenende gehen.	☐	☐	☐
6. Mehr Informationen? Leider kannst du nicht anrufen.	☐	☐	☐

P2

Testtraining – Schreiben

Ein Brief

Du bekommst einen Brief von einer Familie von Kids-College. Lies ihn.

Lieber …/ liebe …　　　　　　　　　　　　　　　　　　　　　　　　München, den 29.4.

wir heißen Kohlmeier und wohnen in München. Gerne kannst du 2 Wochen bei uns wohnen. (1) Wann genau kommst du, am Samstag (13. Juli) oder am Sonntag (14. Juli)?
Wir haben hier immer zwei bis drei Schüler von Kids-College. Das gefällt uns sehr. Unsere Familie: Das sind mein Mann Peter, ich (Sybille) und unsere Kinder Hanna und Michael. Sie gehen hier in München in die Schule.

Wir haben von Kids-College schon viele Informationen über dich. Hier aber noch ein paar Fragen:
(2) Willst du mit dem Fahrrad oder mit dem Bus in die Schule fahren?
(3) Was isst du gern?
(4) Was machst du gern in deiner Freizeit?

Bitte antworte und schreib auch deine Fragen auf.

Liebe Grüße
Sybille Kohlmeier

Dein Brief an Familie Kohlmeier

a Antworte auf die Fragen (1)–(4) im Brief.

b Schreib zwei Fragen (5)–(6) an Familie Kohlmeier.

c Ergänze Satz 7 im Brief.

Liebe Familie Kohlmeier,

danke für Ihren Brief. Hier meine Fragen und Antworten.

(1) Ich komme _____ um _____.

(2) Ich _____.

(3) Ich _____, aber _____ esse ich noch lieber.

(4) In meiner Freizeit _____.

(5) _____ Hanna und Michael? (Alter)

(6) _____ Hanna und Michael gern (_____)? (Hobby)

(7) Und hören sie gern Musik? Ich finde _____ gut, aber _____ finde ich besser. (Musik; Sänger/Sängerin)

Liebe Grüße und bis bald

_____

Testtraining – Sprechen

Sprechen 1

Du bist in den Ferien bei Familie Kohlmeier. Stell deine Familie vor.

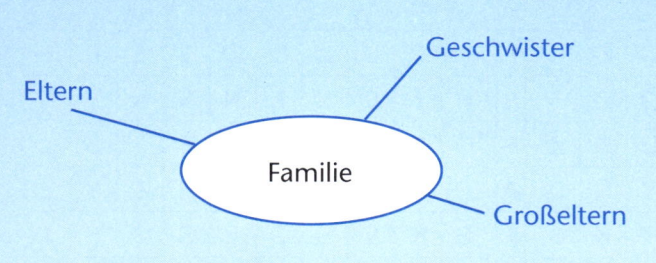

- Eltern
- Geschwister
- Familie
- Großeltern

Name?
Alter?
Hobbys?
hat _____
mag _____ (nicht)
findet _____ (nicht) gut

Meine Mutter heißt _____. Sie ist _____ alt.
Ihre Hobbys sind _____. Sie hat _____.
Sie mag _____ nicht. Sie findet _____ gut.

Sprechen 2

a Bereite sechs Fragen zum Thema „Freizeit und Hobbys" vor.

Was machst du am _____?

Kommst du mit _____?

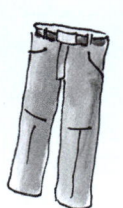

Hast du um _____ Zeit?

Wann fängt _____ an?

_____ du gern (_____)?

Wie findest du _____?

b Arbeitet zu zweit: A fragt und B antwortet.

P2

Mein Wortschatz

1 Wörter suchen

a Busca y señala cinco palabras para cada uno de estos temas «Hobbys, Tiere, Familie, Kleidung und Farben». (ß=ss)

M	J	A	C	K	E	M	X	P	V	E	O	C	O	G	P	F	P	U	L	L	O	V	E	R	E
M	Z	V	U	Z	G	C	Y	I	O	N	S	O	D	T	A	N	Z	E	N	E	N	N	K	Y	K
B	R	U	D	E	R	T	S	N	G	R	C	U	U	Z	P	O	D	L	C	B	K	F	L	S	L
R	Q	K	H	N	L	G	Z	G	E	Q	H	S	N	S	A	J	P	T	H	B	E	R	E	Y	E
A	H	E	L	L	B	L	A	U	L	U	W	I	K	S	G	E	N	E	B	G	L	S	S	F	I
U	Q	Z	K	B	I	B	Z	I	Q	I	I	N	E	F	E	A	Y	R	U	Y	P	F	E	R	D
N	A	V	K	O	C	H	E	N	J	A	M	E	L	G	I	N	N	N	N	Z	G	N	N	G	N
G	T	Ä	E	N	J	X	F	X	K	C	M	G	R	O	S	S	M	U	T	T	E	R	E	S	A
D	R	O	N	K	T	W	E	I	S	S	E	Q	O	O	R	A	P	T	A	P	G	C	J	Q	M
R	E	I	T	E	N	Y	F	B	R	W	N	Z	T	F	I	S	C	H	X	B	L	U	S	E	K

b Escribe las palabras del ejercicio a con artículo debajo de los temas.

Hobbys	Tiere	Familie	Kleidung	Farben
kochen	der Papagei			

2 Eine Woche von Lena

a ¿Qué hace Lena? Marca las respuestas con una cruz.

	spielen (um 19 Uhr)	lesen (am Abend)	essen (am Mittag)	gehen (am Mittwoch)	anrufen (um 18 Uhr)	haben (heute)	machen (um 17 Uhr)	trinken (am Morgen)
ins Kino								
Video-AG						X		
die Freundin								
einen Kakao								
Hausaufgaben							X	
Karten								
ein Buch								
Salat								

b Was macht Lena wann?
Trabajad en parejas: preguntad y responded.

Was macht Lena am Mittwoch?

Am Mittwoch geht sie ins Kino.

Alles Gute!

1 Gute Wünsche

a Las fotos y las situaciones no se corresponden. Relaciona la situación correcta con cada foto y tacha la palabra errónea.

1. ~~Abendessen~~
   Weihnachten

2. Reise

3. Weihnachten

4. Klassenarbeit
   Herzl

5. Ostern

6. Geburtstag

7. Krankenbesuch

b Escribe deseos.

1. Bes Gu ung te ser — *Gute Besserung*
2. nach Fro Weih ten he _____
3. stern Fro O he _____
4. li Glück chen wunsch Herz _____
5. Glück Viel _____
6. Rei Gu se te _____
7. tit ten Gut Appe _____

c Relaciona los deseos del ejercicio b con las situaciones del a.

Herzlichen Glückwunsch!

2 Lee el texto de la página 84 del libro del alumno y escribe las palabras sobre el tema «cumpleaños».

Geburtstag

3 Jahreszeiten und Monate

a Escribe las estaciones del año junto a las imágenes.

Frühling • Sommer • Herbst • Winter

Frühling _____

_____

_____

_____

b Ordena los meses de cada estación.

RJNUAA – BFRUERA – ZÄRM – IALRP – AMI – IUJN – ILUJ – AGSUTU – EEEPTBSMR – ROOTBKE – BOMRNEVE – ZBEEDMRE

c Escucha. Marca el acento en los meses del ejercicio a y repite.

2.11

4 Das Monatsgedicht

a Completa los nombres de los meses. La rima te ayudará.

Klaus hat Geburtstag, wunderbar,
gleich zu Beginn, im _Jan ..._ .
Vier Monate später, also im _____,
sind an der Reihe Elisa und Kai.
Raphael feiert nicht im September,
erst am Ende vom Jahr, im _____.
Eine Torte, ein großes Herz ♡
gibt's auf dem Fest von Gaby im _____.
Sandra wünscht sich einen Kuli
zu ihrem Geburtstag im _____.

Eine Party im Sommer? Keine Lust!
Ich habe Ferien – den ganzen _____.
Im Oktober? Nein, erst im _____
feiert die Tochter von Familie Ember.
Feiert der Sohn von Onkel Bill
im Februar, Juni oder im _____?
Egal ob im Mai, Juni oder Januar,
Geburtstag feiern ist immer wunderbar!

b Comprueba con el CD.

2.12

5 Einladung

a Ordena los fragmentos de la invitación y escríbela.

Deine Anna • Die Party beginnt um 15 Uhr. • ~~Liebe Sofia~~ • Ich lade dich herzlich ein. • Kommst du? • am Freitag habe ich Geburtstag. • Wir feiern zu Hause: Birkenweg 8.

Liebe Sofia, _____
_____
_____
_____
_____

b Ordena la respuesta y escríbela en el cuaderno.

___ Einladung. Leider kann ich nicht kommen, meine
_1_ Liebe Anna,
___ wir feiern am Freitag, am Nachmittag.
___ Schade, liebe
___ Mutter hat auch Geburtstag. Und
___ Grüße, Sofia
___ danke für die

c Escribe una respuesta aceptando la invitación.

Liebe Anna, _____
_____
_____
_____

6 Geburtstage

a Escucha la entrevista. ¿Cuándo es el cumpleaños de las amigas? ¿Cómo lo celebran?

2.13

	Stefanie	Gabriela	Claudia
Wann?	_im Dezember_	_____	_____
Was?	_ins Kino …_	_____	_____

b ¿Cuándo es tu cumpleaños? ¿Cómo lo celebras?

Ich habe im …   _Geburtstag. Ich …_
_____
_____
_____
_____

Gute Besserung!

7 Körperteile

a ¿Cuáles son las partes del cuerpo? Escríbelas con el artículo.

der H a l s

b Mira la imagen del ejercicio a. ¿Qué te duele? Escribe seis frases (......).

1. _Ich habe Kopfschmerzen ..._
2. _Meine H..._
3. _____
4. _Ich habe_
5. _____
6. _____

8 Wie geht es dir?

a Richtig (r) oder falsch (f). Escucha los diálogos y marca con una cruz.

2.14

	r	f
1		
Christian ruft an.	X	☐
Hanna ist krank.	☐	☐
Christian kommt zum Fußballspiel.	☐	☐
Christian hat Kopfschmerzen und Fieber.	☐	☐
Christian geht zum Arzt.	☐	☐
2		
Marc war in der Schule.	☐	☐
Marc hat Bauchschmerzen.	☐	☐
Marc geht in die Stadt.	☐	☐
Katarina geht in die Stadt.	☐	☐
Marc ruft Katharina morgen an.	☐	☐

b Escucha de nuevo los diálogos y corrige las frases erróneas.

1 _Christian ist krank._

2 _Marc ist krank._

9 Gestern ...

a Completa los verbos en tiempo pasado. Utiliza el libro del alumno.

	sein	haben
ich	_war_	_____
du	_____	_____
er/es/sie	_____	_____

b Completa los mensajes electrónicos.

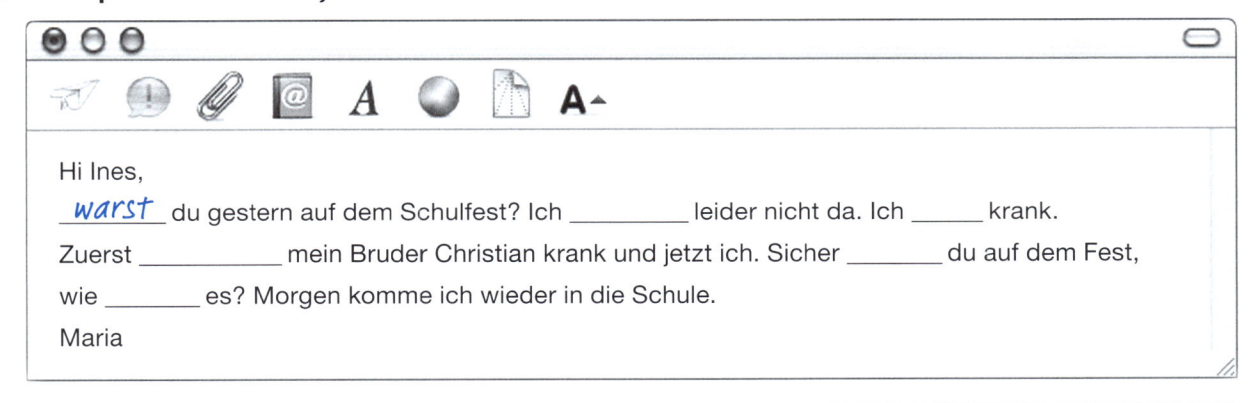

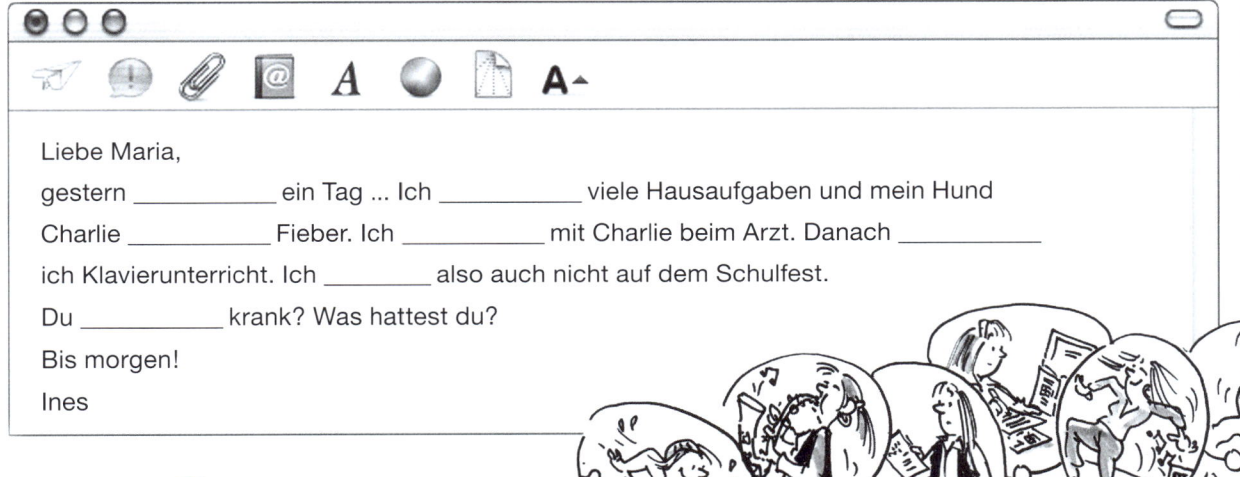

Hi Ines,
warst du gestern auf dem Schulfest? Ich _____ leider nicht da. Ich _____ krank.
Zuerst _____ mein Bruder Christian krank und jetzt ich. Sicher _____ du auf dem Fest,
wie _____ es? Morgen komme ich wieder in die Schule.
Maria

Liebe Maria,
gestern _____ ein Tag ... Ich _____ viele Hausaufgaben und mein Hund
Charlie _____ Fieber. Ich _____ mit Charlie beim Arzt. Danach _____
ich Klavierunterricht. Ich _____ also auch nicht auf dem Schulfest.
Du _____ krank? Was hattest du?
Bis morgen!
Ines

10 Sonjas Tag

a Escribe frases.

1. _Gestern hatte Sonja viele Hausaufgaben ..._
2. _Sie war_ _____
3. _____
4. _____
5. _____
6. _____

b Wie war dein Tag gestern? Escribe cinco frases en el cuaderno.

Ich ...

König für einen Tag

11 Modalverben

a Escribe la palabra correcta en cada frase.

1. darf/darfst: Ich _darf_ mit Freunden ins Konzert gehen.
2. kannst/kann: Du _____ Klavier spielen.
3. musst/muss: Julian _____ Hausaufgaben machen.
4. darf/dürfen: Anna _____ am Dienstag ins Kino gehen.
5. kannst/kann: Ich _____ mein Lieblingsessen kochen.
6. müssen/musst: Du _____ am Wochenende babysitten.

b En el ejercicio a marca los verbos modales y los infinitivos.

c Completa la norma.

Das Modalverb steht auf Position _____ und der Infinitiv steht _____.

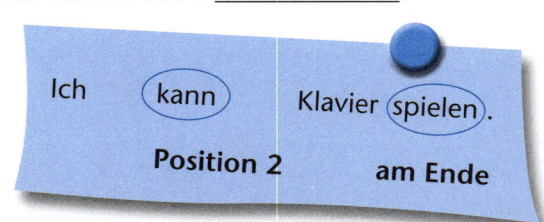

Ich (kann) Klavier (spielen).
Position 2   am Ende

d Completa la tabla. El ejercicio a te ayudará.

	können	müssen	dürfen
ich	kann		
du			
er/es/sie			

12 dürfen, nicht dürfen – oder müssen

a Was darf Andrea (nicht)? Was muss sie? Ordena y escribe las frases en el cuaderno.

👍 bis um 21 Uhr fernsehen • 👎 um 7 Uhr aufstehen •

👎 Hausaufgaben machen • 👍 mit der Freundin telefonieren •

👎 ein Piercing machen • 👎 in die Disco gehen

👍 = dürfen
👎 = nicht dürfen
☝ = müssen

Andrea darf bis 21 Uhr fernsehen.
Andrea muss ...

b Und du? Was darfst du (nicht)? Was musst du? Escribe seis frases en el cuaderno.

13 Entschuldigungen erfinden

a Relaciona las excusas. Hay varias posibilidades.

1. Ich kann nicht zur Party kommen.
2. Mama, ich kann dir nicht helfen.
3. Ich gehe nicht ins Kino.
4. Ich gehe nicht in die Eisdiele.
5. Ich kann den Test nicht machen.

a. Ich muss Hausaufgaben machen.
b. Ich darf nicht.
c. Ich kenne den Film schon.
d. Ich mag kein Eis.
e. Ich muss im Bett bleiben, ich habe Fieber.

b ¿Por qué no vienes a clase? Escribe excusas en tu cuaderno.

Ich kann nicht in die Schule gehen. Ich habe Bauchweh. Ich …

14 Geburtstagsparty

a Lee el mensaje electrónico. Escribe cuatro preguntas abiertas en el cuaderno.

Lieber Daniel,
morgen habe ich Geburtstag. Ich freue mich schon. Meine Freunde kommen fast alle, nur Michael kann nicht, er hat Fußballtraining. Und Jonas kommt später, er muss für den Mathetest lernen. Wir sind dann alle zusammen 8 Personen. Die Party beginnt um 15 Uhr. Zuerst essen wir Torte und trinken Cola, dann gehen wir Billard spielen. Ich spiele gerne Billard und kann es sehr gut. Danach fahren wir nach Hause und spielen Tischfußball oder Wii. Am Abend macht meine Mutter Pizza. Um acht Uhr gehen meine Freunde nach Hause.
Hoffentlich bekomme ich von meinen Eltern ein neues Wii-Spiel.
Schade, dass du nicht hier in Hamburg wohnst …

Bis bald, Florian

Wann hat Florian Geburtstag?

b Trabajad en parejas. Preguntad y responded.

Wann hat Florian Geburtstag?
Morgen.

15 Du machst eine Party.

a Tu madre te pregunta. Escribe preguntas.

fängt die Party an • kommt zur Party • hört sie auf • ist die Party • macht ihr auf der Party

Wann _____
Wann _____
Was _____
Wer _____
Wo _____

b Describe tu fiesta. Las preguntas del ejercicio a te ayudarán. Escribe en tu cuaderno.

Ich mache im August eine Party. Die Party beginnt …

Das kann ich

1 Einladungen

a **Puedo escribir una invitación.** ☺ 😐 ☹ ▷ KB/AB S. 85

Was? – Meine Geburtstagsparty!!!
Wann? – am Samstag, um 16 Uhr
Wo? – im Jugendzentrum, Hauptstr. 15

Lieber Mark,
am Samstag _____

b **Puedo responder a una invitación.** ☺ 😐 ☹ ▷ KB/AB S. 85

Lieber Felix, ☺ _____

dein Mark

2 Puedo expresar buenos deseos. ☺ 😐 ☹ ▷ KB/AB S. 83

Frohe Ostern!   _____   _____

3 Puedo nombrar las partes del cuerpo y decir cómo me siento. ☺ 😐 ☹ ▷ KB/AB S. 86

POFK: _der Kopf / Ich habe Kopfschmerzen._
AHUBC: _____
CRÜKNE: _____

4 Puedo decir dónde estuve ayer/qué tuve ayer. ☺ 😐 ☹ ▷ KB/AB S. 88/89

Schule • einkaufen • Fieber • viele Hausaufgaben

Ich war in der Schule.

So lerne und übe ich

5 Formulo preguntas abiertas a partir de un texto. a menudo a veces nunca

Am Freitag ist unser Schulfest. Die Schule ist 50 Jahre alt. Das Fest beginnt um 15 Uhr. Wir dürfen bis 19 Uhr feiern. Wir können Fußball und Basketball spielen und Chemie-Experimente machen. Die Schulband spielt auch. Ich spiele dort Saxofon. Meine Eltern und meine Schwester kommen auch.

Wann ist das Schulfest?

Meine Stadt

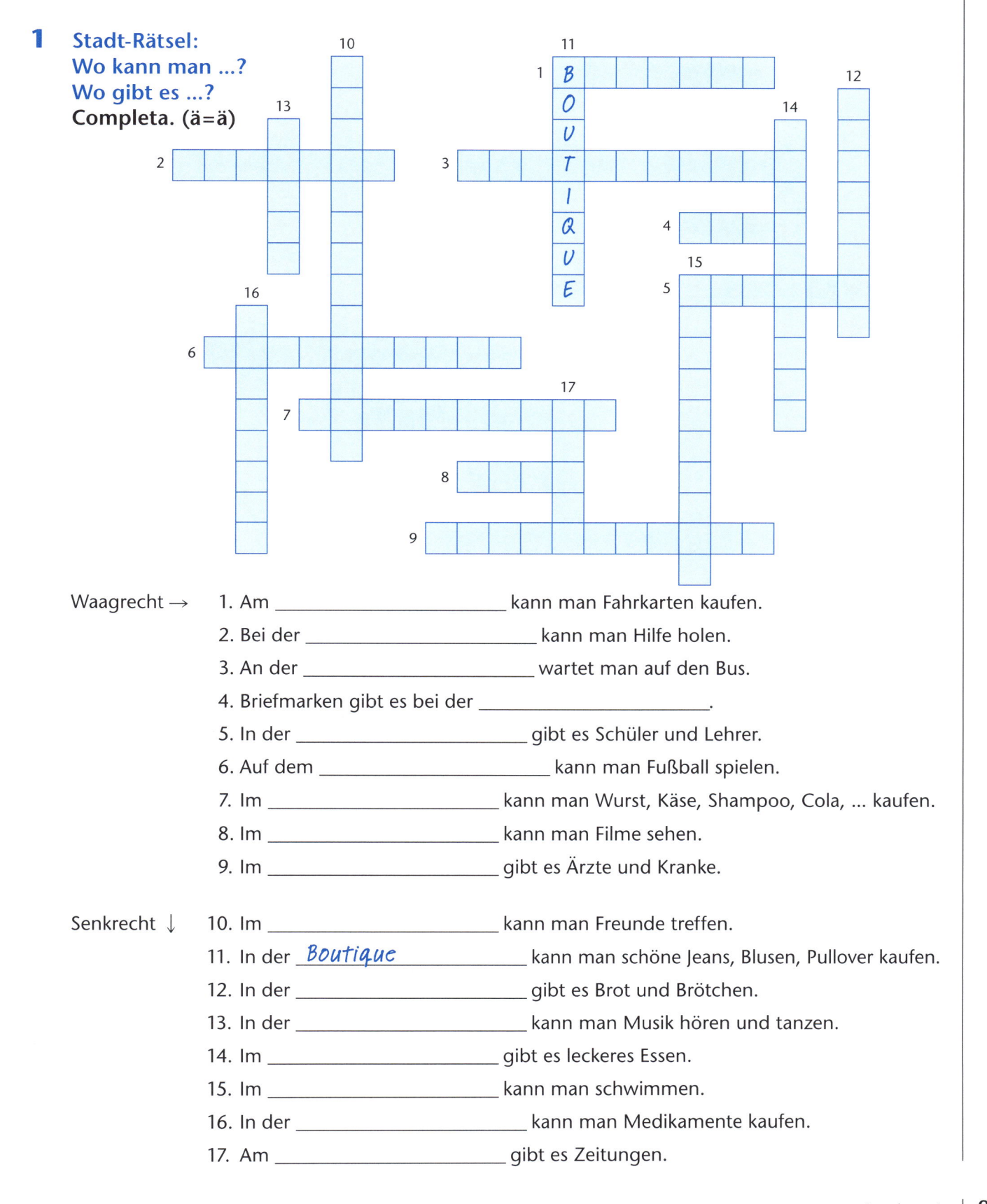

1 Stadt-Rätsel:
Wo kann man ...?
Wo gibt es ...?
Completa. (ä=ä)

Waagrecht →
1. Am _____ kann man Fahrkarten kaufen.
2. Bei der _____ kann man Hilfe holen.
3. An der _____ wartet man auf den Bus.
4. Briefmarken gibt es bei der _____.
5. In der _____ gibt es Schüler und Lehrer.
6. Auf dem _____ kann man Fußball spielen.
7. Im _____ kann man Wurst, Käse, Shampoo, Cola, ... kaufen.
8. Im _____ kann man Filme sehen.
9. Im _____ gibt es Ärzte und Kranke.

Senkrecht ↓
10. Im _____ kann man Freunde treffen.
11. In der _Boutique_ kann man schöne Jeans, Blusen, Pullover kaufen.
12. In der _____ gibt es Brot und Brötchen.
13. In der _____ kann man Musik hören und tanzen.
14. Im _____ gibt es leckeres Essen.
15. Im _____ kann man schwimmen.
16. In der _____ kann man Medikamente kaufen.
17. Am _____ gibt es Zeitungen.

10

Wo ist ...?

2 Orte, Gebäude, Plätze

a ¿Cómo se llaman los siguientes lugares y edificios? Escríbelos. (El ejercicio 1 te ayudará.)

☐ der K_____ ☐ das R_____ ☐ das K_____

[1] der S_____ ☐ der S_____ ☐ der P_____

☐ die A_____ ☐ die B_____ ☐ die H_____

b **Wo sind Lara, Rudi, Mieze und Bello?** Completa las frases, busca la imagen correcta en el ejercicio a y escribe el número correspondiente a cada frase.

1. Rudi spielt Fußball _____ dem Sportplatz.
2. Lara wartet _____ der Haltestelle und Mieze ist _____ Lara.
3. Lara kauft zuerst Wurst und Käse _____ Supermarkt, Brot _____ der Bäckerei und Medikamente für ihre Mutter _____ der Apotheke.
4. Rudi besucht seine Großmutter _____ Krankenhaus, aber zuerst kauft er eine Zeitung _____ Kiosk.
5. _____ dem Rathaus trifft Rudi seine Freundin Lara. Bello steht _____ Rudi und Lara.
6. Später sitzen Lara und Rudi _____ der Bank im Park _____ einem Baum.

10

3 **Rätsel: In der Stadt.** ¿Dónde están? Lee el texto y escribe los lugares en los recuadros.

Der Supermarkt ist neben der Bäckerei. Vor der Bäckerei ist die Post. Die Post ist neben der Polizei und hinter der Bank. Hinter dem Bahnhof, neben dem Supermarkt ist das Kino. Vor der Polizei, zwischen der Bank und dem Krankenhaus ist die Apotheke.

Bäckerei

4 **Orte, Gebäude, Plätze und Präpositionen.** Recopila ejemplos (de los ejercicios 1–3) y escríbelos en la tabla.

> **Wo?**
> mit Ortspräposition
> mit Dativ

Wo?	der → dem	das → dem	die → der
auf	*auf dem Sportplatz*		
unter			
neben			
in			*in der Apotheke*
vor			
hinter			
an			
zwischen			
bei			

5 **Wo kann man was machen?**

a Relaciona y completa.

1. Brot kaufen — ☐ _____ Krankenhaus
2. Kranke besuchen — ☐ _____ Bahnhof
3. einen Film sehen — ☐ _____ Supermarkt
4. Wurst, Käse, Bananen, kaufen — ☐ _____ Jugendzentrum
5. Briefmarken kaufen — ☐ _____ Sportplatz
6. auf den Bus warten — ☒ *In der* Bäckerei
7. Fahrkarten kaufen — ☐ _____ Polizei
8. Freunde treffen — ☐ _____ Post
9. Hilfe holen — ☐ _____ Kino
10. Fußball spielen — ☐ _____ Haltestelle

b **Wo kannst du was machen?** Escribe de tres a cuatro ejemplos.

Beispiel: Freunde treffen • Fußballspielen • Musik hören …

Ich kann in der Stadt Freunde treffen.

Mein Schulweg

6 **Wörter für Richtungen.** Escribe las palabras correspondientes a cada dirección.

rechts links geradeaus

← ↑ →

_____   _____   _____

7 Lesen und Zeichnen

a **Lee el texto y traza el camino en el dibujo.**

Du gehst die Bahnhofstraße geradeaus, an der Kreuzung biegst du links ab. Rechts kommt dann der Supermarkt.

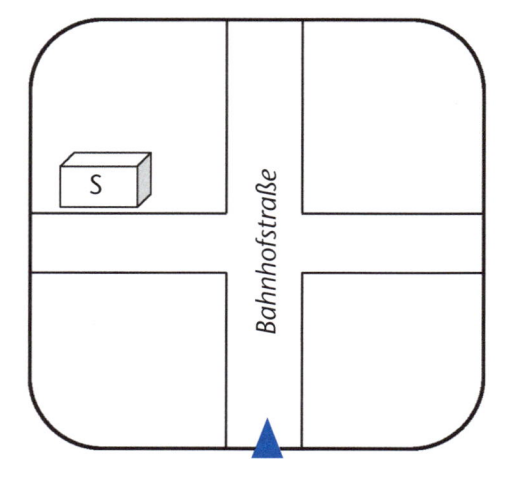

b **Lee el texto y traza el camino en el dibujo.**

Du gehst zuerst geradeaus. An der Post gehst du nach links. Du gehst geradeaus. Dann kommt der Goetheplatz, du gehst weiter geradeaus. Die Bäckerei ist dann rechts.

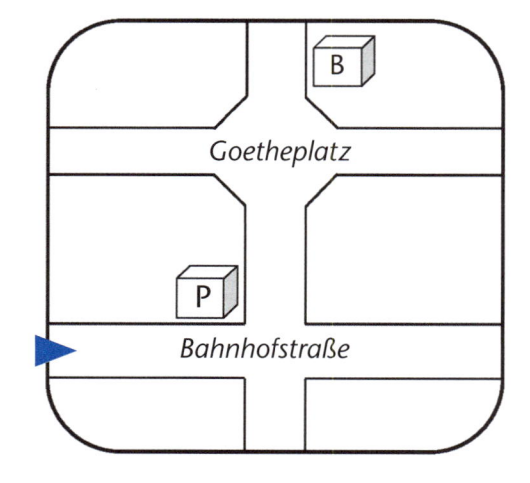

8 Hören und Zeichnen

a **Escucha y traza el camino en el dibujo.**
2.15

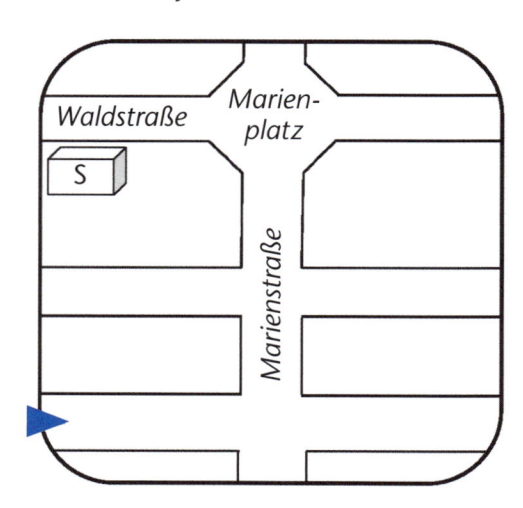

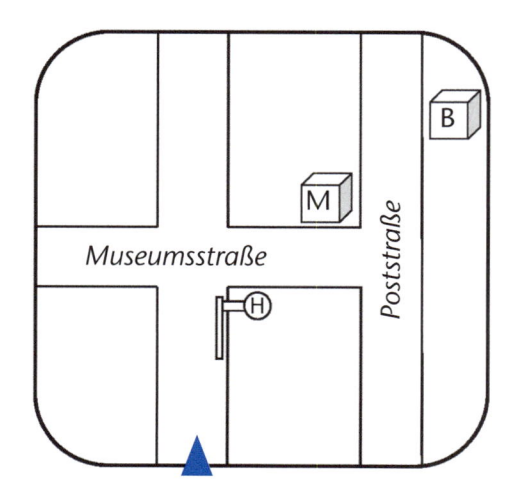

b **Escucha y traza el camino en el dibujo.**
2.16

9 Sehen und Schreiben

a Describe el camino hacia el supermercado.   b Describe el camino hacia la escuela.

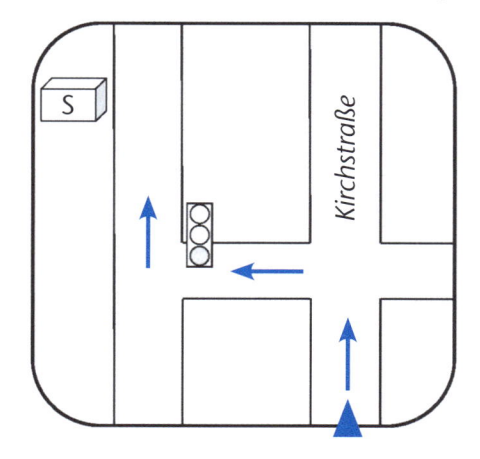

Du gehst zuerst geradeaus.

_____

_____

_____

_____

_____

_____

10 Observa la imagen y completa el texto.

Sporthalle • Schwimmhalle • rechts • im Erdgeschoss • unter der • ersten • ~~zweiten~~ • links • Cafeteria • Stock • unter dem • neben der • über der

Im ____zweiten____ Stock ist _____ der Computerraum und rechts ist die _____. Der Musikraum und der Biologieraum sind im ersten _____.

Der Musikraum ist _____ _____ Cafeteria und der Biologieraum ist _____ _____ Computerraum.

Das Sekretariat ist _____ _____ am Eingang links. Das Lehrerzimmer ist auch im Erdgeschoss, _____ neben dem Sekretariat.

Im Gebäude _____ _____ Schule sind die Schwimmhalle und die _____.

Die _____ ist im Erdgeschoss und die Sporthalle ist im _____ Stock, _____ _____ Schwimmhalle.

10

Eine Geschichte

11 Lebensmittel

a Repite el nombre de los alimentos y ordénalos.

2.17

☑ _der Käse_   ☐ das _____   ☐ die _____   ☐ der _____

☐ die _____   ☐ die _____   ☐ der _____   ☐ der _____

b Escribe las palabras junto a las imágenes del ejercicio a.

apfelsalatmilchmarmeladeeiquarkkäsewurst

12 Lee el texto de la página 96 del libro del alumno.

a Was isst und trinkt Herr Schmidt zum Frühstück? **(Parte 1)**

Er trinkt einen _Tee_ und er _____.

b Was isst und trinkst du zum Frühstück?

Ich trinke ein____ _____ und ich _____.

c Wo sucht Herr Schmidt das Aufgabenblatt? **Completa. (Parte 2)**

1. _Auf_ _dem_ Schreibtisch.
2. _____ Schreibtisch.
3. _____ _____ Schreibtisch.
4. _____ _____ Schreibtisch.
5. _____ _____ Bücherregal.
6. _____ und _____ _____ Tisch.
7. _____ _____ Marmelade.
8. _____ und _____ vom Kühlschrank.

13 Verkehrsmittel in der Stadt

a **Encuentra los medios de transporte y escribe los nombres.**

~~u-bahn~~fahrradmotorradstraßenbahnbusauto

die _U-Bahn_    das  _____   die _____

der  _____   das  _____   das _____

b **Wie kommen Herr Schmidt und Olli zur Schule?** Lee el texto de la página 96 del libro del alumno (partes 3 y 4). Escribe frases.

mit der U-Bahn • mit dem Bus • mit dem Fahrrad • mit dem Auto • zu Fuß!

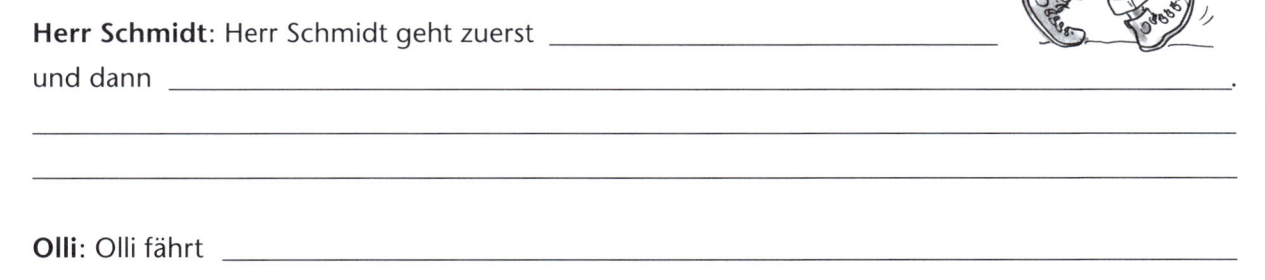

Herr Schmidt: Herr Schmidt geht zuerst _____

und dann _____.

_____

_____

Olli: Olli fährt _____

_____

c **Und wie gehst du zur Schule?** Escribe y compara en clase.

Ich gehe (fahre) _____

14 Was passt? Relaciona.

1. Herr Schmidt ist — ☐ sehr gut vorbereitet und bekommt eine gute Note.
2. Herr Schmidt findet — ☐ um 9 Uhr 30 die Klassenarbeit schreiben.
3. Olli geht in die — ☐ ins Sekretariat.
4. Olli findet das Aufgabenblatt und bringt es — ☐ das Aufgabenblatt nicht mehr.
5. Die Sekretärin kopiert — ☐ und bekommt keine gute Note.
6. Die Klasse 7a kann — [1] der Mathelehrer der 7a.
7. Die Klasse 7a ist — ☐ das Aufgabenblatt 24-mal.
8. Susy war leider nicht zu Hause — ☐ Klasse 7a.

siebenundneunzig | 97

10

Das kann ich

1 Puedo nombrar lugares de la ciudad. ☺ ☺ ☹ ▷ KB/AB S. 91

der Sportplatz

2 In der Stadt ☺ ☺ ☹ ▷ KB/AB S. 92–95

2.18 **a** Puedo entender dónde están los lugares (en la ciudad) y dibujarlo en un plano.

b Puedo decir dónde están los lugares (en la ciudad). El plano del a te ayudará.

Die Apotheke ist …

Kiosk/Goetheplatz • Apotheke/Waldstraße • Supermarkt/Goethestraße

c Puedo indicar de forma sencilla el camino hacia la farmacia. El plano del a te ayudará.

Du gehst zuerst _____. _____ Post biegst du _____ _____ und dann gehst du _____. _____ Goetheplatz gehst du nach _____.

3 Puedo hacer una descripción sencilla de mi escuela. ☺ ☺ ☹ ▷ KB/AB S. 95

Das Lehrerzimmer ist _____. Die Sporthalle ist _____.

4 Puedo decir cómo voy a la escuela/ al polideportivo/a la ciudad. ☺ ☺ ☹ ▷ KB/AB S. 97

Ich fahre _____
Ich gehe _____

5 Puedo decir lo que como y bebo para desayunar. ☺ ☺ ☹ ▷ KB/AB S. 96

Ich trinke _____ und esse _____

So lerne und übe ich

6 Practico la indicación de direcciones. a menudo   a veces   nunca

Zuerst gehst du geradeaus, an der ….

1. Dibujo el camino hacia mi escuela.
2. Describo el camino hacia mi escuela; mi compañero lo dibuja. (El ejercicio 1 te ayudará.)
3. Borro del texto del ejercicio 2 las preposiciones y sigo practicando en voz alta.

Wir fahren weg!

1 Wo liegt das?

a Completa las frases.

1. Göttingen liegt _in der Mitte_ von _D_____.
2. Lausanne liegt _____ von _____.
3. Wien liegt _____ von _____.
4. Kiel liegt _____ von _____.
5. Aachen liegt _____ von _____.
6. Linz liegt _____ von _____.

b Corrige las frases.

1. Passau liegt im Norden von Deutschland. _Passau liegt im Süden von Deutschland._
2. Zürich liegt im Norden von Österreich. _____
3. Innsbruck liegt im Osten von Österreich. _____
4. Trier liegt im Norden von Deutschland. _____
5. Basel liegt im Süden von Deutschland. _____
6. Würzburg liegt in der Mitte von der Schweiz. _____
7. Dresden liegt Westen von Österreich. _____

c Preguntad y responded el uno al otro.

— Wo liegt Saarbrücken?
— Saarbrücken liegt im Westen von Deutschland. Und wo liegt …?

11

Ein Ausflug

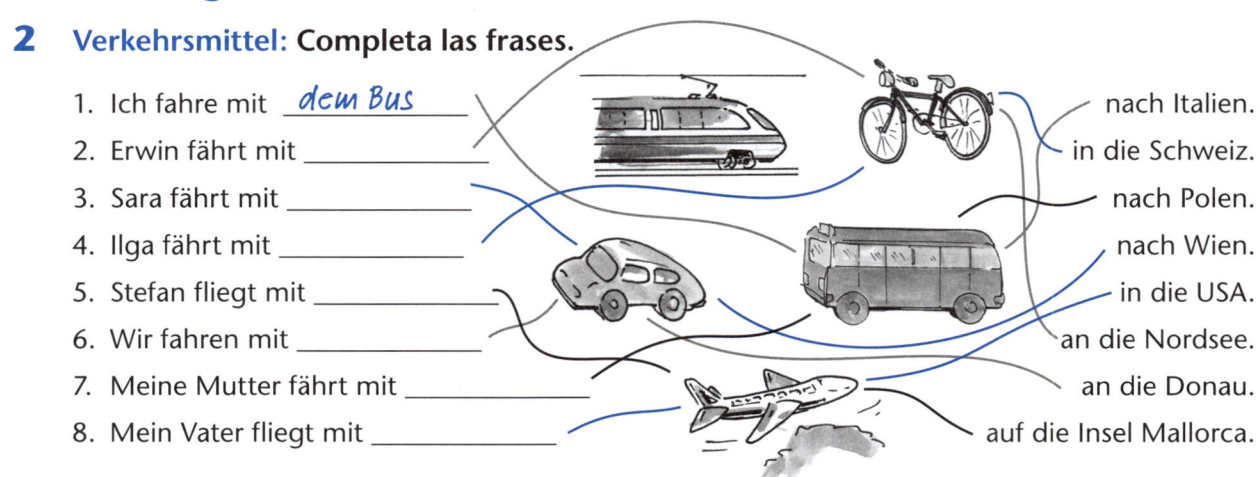

2 Verkehrsmittel: Completa las frases.

1. Ich fahre mit _dem Bus_ nach Italien.
2. Erwin fährt mit _____ in die Schweiz.
3. Sara fährt mit _____ nach Polen.
4. Ilga fährt mit _____ nach Wien.
5. Stefan fliegt mit _____ in die USA.
6. Wir fahren mit _____ an die Nordsee.
7. Meine Mutter fährt mit _____ an die Donau.
8. Mein Vater fliegt mit _____ auf die Insel Mallorca.

3 Ferien

a Einen Hörtext vorbereiten. Mira las fotos. ¿Qué ves? Relaciona.

Wanderung • Musical • Schwimmbad • Surfkurs • ~~Freiheitsstatue~~ • Hamburger

1. _Freiheitsstatue_
2. _____
3. _____
4. _____
5. _____
6. _____

b Escucha y escribe. ¿A dónde van estas personas? ¿Qué hacen allí? Escúchalo al menos dos veces. (2.19)

	Junge 1	Mädchen 1	Mädchen 2	Junge 2
Wohin?	ans Meer:	ans Meer: an die Ostsee,		
Was?		baden		

100 | einhundert

4 Frau Schultz reserviert in der Jugendherberge in Colditz bei Leipzig.

a Completa el diálogo.

Gut. Eine Frage: Gibt es sportliche Aktivitäten für die Kinder? Sie sind 12 und 14. • Die ersten zwei Juliwochen. • Fantastisch. Was kostet das Zimmer? • Wir sind vier Personen: mein Mann und ich und unsere zwei Kinder. • Gut, ich möchte gerne reservieren. Wie funktioniert es? • Gut, danke, Herr Althaus. • Guten Tag. Mein Name ist Frau Schultz. Ich möchte für die Sommerferien ein Familienzimmer reservieren.

● Ferienwohnungen Althaus, Hans Althaus. Was kann ich für Sie tun?
○ *Guten Tag. Mein* _____

● Wann möchten Sie kommen?
○ *Die* _____

● Gut, da haben wir noch ein Familienzimmer frei. Wie viele Personen?
○ _____

● Kein Problem. Da haben wir ein schönes Zimmer mit Bad.
○ _____

● Ja, bei uns können sie Tischtennis spielen und es gibt ein Schwimmbad im Haus.
○ _____

● Pro Tag und Person 25 Euro. Die Kinder 20 Euro.
○ _____

● Ich maile Ihnen ein Formular. Notieren Sie alles und mailen Sie es mir.
○ _____

● Gern geschehen. Auf Wiedersehen.

b Comprueba con el CD.
2.20

5 Europa-Jugendherberge Schloss Colditz

a Lee el texto y marca con una cruz: richtig/falsch.

Schloss Colditz liegt im Osten von Deutschland, 50 km im Süden von Leipzig.
Seit 2007 ist in einem Teil von Schloss Colditz die Jugendherberge Schloss Colditz. Hier gibt es 161 Betten in 34 Zimmern. Die meisten Zimmer haben vier bis sechs Betten. Es gibt auch ein Fernsehzimmer und einen Tischtennisraum. Heute kommen viele internationale Gruppen in das Schloss. Wer Sport mag, ist hier genau richtig: Man kann mit dem Pferd den Ort besuchen, in der Nähe ist das Freibad *Waldbad Colditz* und es gibt ein Bowlingcenter.

	r	f
1. Die Jugendherberge liegt im Norden von Leipzig.	☐	☒
2. In der Jugendherberge gibt es nur Zweibett-Zimmer.	☐	☐
3. In die Jugendherberge kommen viele Gruppen aus vielen Ländern.	☐	☐
4. Es gibt einen Tennisplatz.	☐	☐
5. Es gibt in der Nähe ein Schwimmbad.	☐	☐

b Corrige las frases erróneas.

Die Jugendherberge liegt im Osten von ...

11

Familie Schultz geht essen & Grüße aus ...

6 **Was passt wo?** Escribe las palabras bajo las imágenes. (Sobran cuatro palabras.)

ein Salat

eine Cola

ein Fischbrötchen

ein Stück Pizza

~~ein Stück Pizza~~

ein Eis

ein Mineralwasser

ein Stück Kuchen

ein Teller Suppe

ein Apfelsaft

ein Hamburger

eine Currywurst

ein Käsebrötchen

eine Portion Pommes

7 **Wer nimmt was?**

a **Completa el diálogo.**

Kellner:	Guten Tag. Was möchten Sie?
Herr Schultz:	Guten Tag. Ich nehme _einen Teller Suppe_.
Kellner:	Möchten Sie auch etwas trinken?
Herr Schultz:	Ja, _____ bitte.
Kellner:	Und Sie?
Frau Schultz:	Ich nehme _____ und _____.
Kellner:	Und ihr?
Jonas:	Ich möchte _____ und _____.
Kellner:	Gut. Und du?
Mareike:	Und ich möchte _____ und auch _____.
Kellner:	Gut, kommt sofort.

b **Comprueba con el CD.**
2.21

c **Escribe otra versión del diálogo en el cuaderno.**

Kellner: Ja bitte, was möchten Sie?
Sebastian: ...

einhundertzwei

8 Was nehmen die Personen? Was kostet es? Escucha y escribe.

	Was?		Preis
1.	Salat	und Cola	7,80
2.	_____	und _____	_____
3.	_____		_____
4.	_____		_____
5.	_____	und _____	
	_____	und _____	_____

5 = fünf Euro
5,50 = fünf Euro fünfzig
0,50 = fünfzig Cent

9 Eine Postkarte schreiben. ¿Dónde se escribe esto en una postal? Relaciona.

~~Lieber Hans~~ • Ciao • Hallo Maria • Bis bald • Liebe Eva • Liebe Grüße • Viele Grüße • Hi Susanne

Am Anfang von einer Postkarte	Am Ende von einer Postkarte
Lieber Hans	

10 Mareike schreibt eine Postkarte aus Colditz. Die Karte ist nass geworden.

a ¿Qué falta?

ach • chtennis • ße • Schwimmb • e Sta • nntag • eitpark • ufe • Wet • hen shop

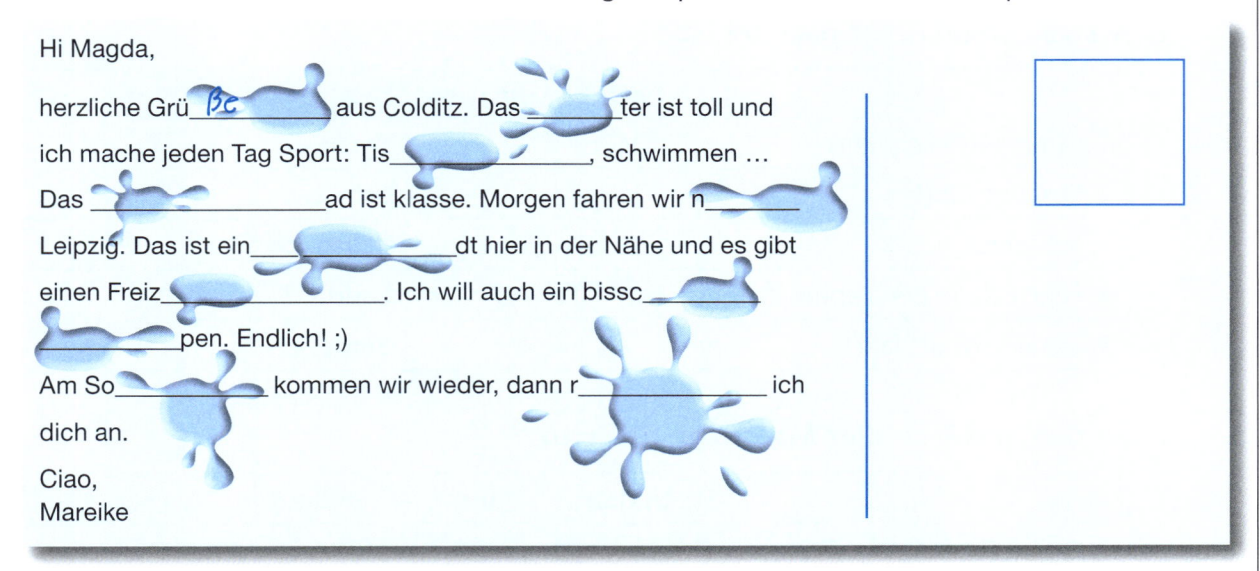

Hi Magda,

herzliche Grü___ße___ aus Colditz. Das _____ter ist toll und ich mache jeden Tag Sport: Tis_____, schwimmen …
Das _____ad ist klasse. Morgen fahren wir n_____ Leipzig. Das ist ein_____dt hier in der Nähe und es gibt einen Freiz_____. Ich will auch ein bissc_____ _____pen. Endlich! ;)
Am So_____ kommen wir wieder, dann r_____ ich dich an.
Ciao,
Mareike

b Elige otra versión y escribe la postal en tu cuaderno.

Lieber Robert, / Liebe Lisa, / Hi Paul, / Hallo Luzie,
Berlin ist super / München ist interessant / Paris ist toll / wie geht's?
wir haben viel Spaß / es geht uns allen super / das Wetter ist schön / die Stadt ist cool
ich war shoppen / ich war baden / ich war in einem Museum / ich war im Park
das war schön / das war langweilig / das war interessant / das war super
viele Grüße / ciao / bis bald / ich rufe dich an
Thomas / Eva / Steffi / Frank

Hallo Luzie, Paris ist

11

Wohin fahrt ihr in den Ferien?

11 Wir machen einen Ausflug.

a Lee la historia. Cada imagen es una palabra.

Am Wochenende machen wir einen Ausflug: Wir fahren zuerst mit dem _____ 🚌 in die Stadt. Dort nehmen wir den _____ 🚆 und fahren in die _____ 🏔. Dort _____ 👟 wir zu einem _____ 🏞. Das ist _____ 😊. Wir _____ 👟 ca. 2 Stunden. An dem _____ 🏞 gibt es einen _____ ⛺, dort _____ 🏊 wir und machen Picknick. Am Abend _____ 👟 wir wieder zurück. Wir fahren erst mit dem _____ 🚆 und dann mit dem _____ 🚌 nach Hause. Das ist _____ 😊.

b **Comprueba con el CD.**
2.23

c **Escribe tú mismo una historia similar. Intercambiad vuestras historias y leedlas.**

12 Reisen

a Marca con una cruz **nach** o **in die**.

	nach	in die	
1. Familie Fröhlich fährt	x		Berlin.
2. Susanne fährt			Schweiz.
3. Ich fahre			Italien.
4. Fährst du in den Ferien			London?
5. Familie Schulz fährt			Berge.

b **an den**, **ans** o **an die**? Marca con una cruz.

	an den	ans	an die	
1. Meine Großeltern fahren		x		Meer.
2. Katja fährt				Bodensee.
3. Meine Freunde fahren				Strand.
4. Wir fahren				Donau.
5. Fahrt ihr				Ostsee?

c **Wohin fährst du?** Escribe una frase.

Ich fahre

Vorschläge diskutieren

13 Gründe und Konsequenzen: **Une las frases con deshalb y escríbelas en el cuaderno.**

1. Ich habe einen Hund. Ich muss oft spazieren gehen.
2. Maria hat heute Geburtstag. Sie bekommt viele Geschenke.
3. Ich fahre nach Spanien. Ich lerne Spanisch.
4. Ich habe im Sommer Geburtstag. Ich mache eine Party.
5. Peter isst gerne Fisch. Er kauft ein Fischbrötchen.

Ich habe einen Hund, deshalb muss ...

14 Conjuga los verbos.

~~will~~ • möchten • will • ~~möchte~~ • wollen • möchtest • wollen • möchte • wollt • möchten • möchtet • willst

	möchten	wollen
ich	*möchte*	
du		
er/es/sie		*will*
wir		
ihr		
sie/Sie		

15 Antworten auf Vorschläge

a Escribe junto a las caritas. ¿Qué palabras recuerdas?

☺ *Super! – Ja, das* _____

☹ *Keine Lust. – Das f* _____

b Completa las frases con las palabras del ejercicio a.

1. Ich habe eine Idee: Kommst du mit an den See? ☹ *Nein, keine Lust.*
2. Wir fahren nach Berlin. Hast du Lust? ☺ *Ja,* _____
3. Ich will im Sommer in die Schweiz fahren. Kommst du mit? ☺ _____
4. Ich möchte nach Hamburg fahren. Hast du Lust? ☹ _____
5. Martin hat eine Idee: Wir fahren ans Meer. ☺ _____
6. Ich habe eine Idee: Wir fahren in die Berge. ☺ _____

11

Das kann ich

1 Puedo decir dónde se encuentra algo. ☺ 😐 ☹ ▷ KB/AB S. 99

Kiel _liegt im Norden von Deut_____
Dresden _____
München _____
Köln _____

2 Puedo pedir comidas y bebidas y pagar. ☺ 😐 ☹ ▷ KB/AB S. 102/103

Ich _____ 🍔 _____ und _____ 🥤 .
W_____ _____ _____ _____? – 5,30 Euro.

3 Puedo escribir una postal. ☺ 😐 ☹ ▷ KB/AB S. 103

München • Wetter: schön • shoppen • viel Spaß

L_____ Susanne, _____
_____
_____
V_____ G_____
Claudia

4 Puedo decir a dónde voy. ☺ 😐 ☹ ▷ KB/AB S. 100, 104

Italien: _Ich fahre nach Italien._
Bodensee: _____
Schweiz: _____
Berge: _____

So lerne und übe ich

5 Geografía, animales, comidas... Ya sé mucho y relaciono. a menudo   a veces   nunca

Eiffelturm • Pommes • Tiger • Brandenburger Tor   [4]

[1] [2] [3]

106 einhundertsechs

Mein Vater ist Polizist

1 Berufe und Aktivitäten

a ¿Quién vive o trabaja aquí?

1. Im Erdgeschoss rechts arbeitet eine _____.
2. Im Zimmer neben dem Sekretariat arbeitet der _____. Er ist ihr Chef.
3. Im 1. Stock links wohnt ein _Polizist_____.
4. Der _____ arbeitet in der Küche. Sie ist im 1. Stock rechts.
5. Gustav Berger ist _____. Er arbeitet im 1. Stock in der Mitte.
6. Im Erdgeschoss links ist eine Privatschule. Hier arbeitet der _____.
7. Rechts neben der Privatschule arbeitet Pino. Er ist _____.

b Completa.

fährt • Schule • unterrichtet • Schüler • Hunde • kaputt • krank

1. Der Direktor ist der Boss an der _____.
2. In Deutschland gibt es sogar einen Frisör für _____.
3. Mein Vater ist Polizist und _____ Motorrad.
4. Patrick ist _____ und muss zum Arzt gehen.
5. Unser Klassenlehrer heißt Mastalerz. Er _____ Mathematik.
6. Der Computer ist _____. Wir müssen die Technikerin rufen.
7. An unserer Schule gibt es 600 _____: 312 Mädchen und 288 Jungen.

12

Was sind sie von Beruf? Was arbeiten sie?

2 Berufe

a Escucha y marca el acento.
(2.24)

der Hausmann	die Hausfrau	der Künstler	_____
_____	die Bäckerin	der Taxifahrer	_____
_____	die Polizistin	der Architekt	_____
_____	die Bäuerin	der Frisör	_____
_____	die Verkäuferin	der Zahnarzt	_____
_____	die Anwältin	der Politiker	_____
_____	die Ingenieurin	der Kaufmann	_____

b En el ejercicio a completa la profesión para el hombre/la mujer.

c En el ejercicio a subraya las profesiones con vocal modificada (a→ä) en forma femenina.

3 Escucha. ¿Qué profesión es?
(2.25)

1. die _____
2. der _____
3. die _____
4. der _Pilot_
5. der _____
6. die _____
7. die _____
8. die _____
9. der _H_____

4 Kreuzworträtsel: ¿Cuáles son las profesiones? (ö=ö)

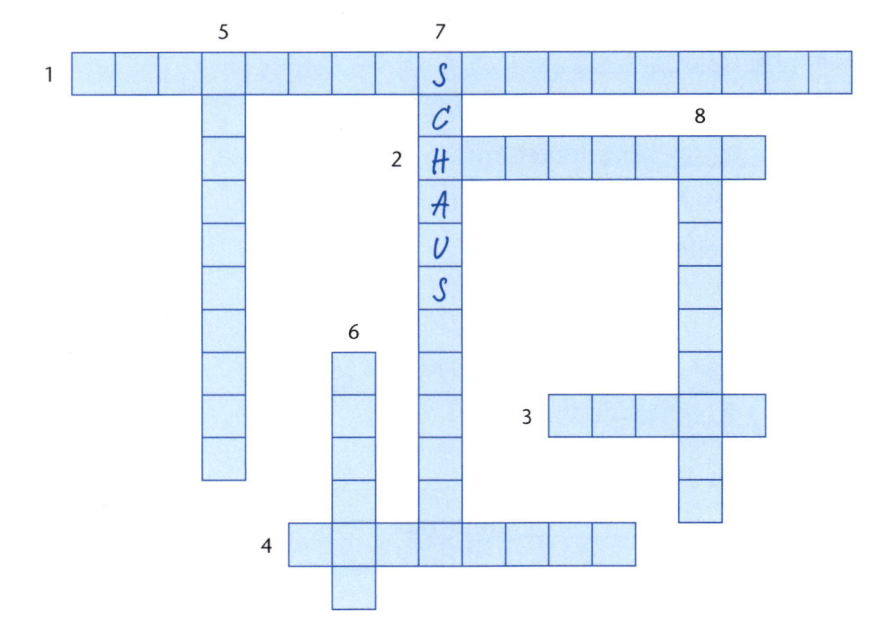

Vertical 7: S C H A U S

Waagrecht →
1. Er programmiert und repariert Computer.
2. Sie arbeitet zu Hause, kocht, kauft ein und räumt auf.
3. Sie präsentiert Mode und ist schön.
4. Er macht kranke Hunde gesund.

Senkrecht ↓
5. Sie passt auf der Straße auf und kontrolliert die Autofahrer.
6. Sie arbeitet im Restaurant in der Küche.
7. Er arbeitet am Theater. Man kann ihn aber auch im Fernsehen oder im Kino sehen.
8. Er macht Pläne für Häuser.

108 einhundertacht

5 Drei Texte. ¿Qué está mal? Ordena y escribe correctamente los textos en el cuaderno.

Adrian ist Bauer von Beruf. Er arbeitet gern am Computer. Er ist sehr kreativ und spricht gern. In der Schule ist er in der Theater-AG.

Richards Traumberuf ist Schauspieler. Er steht am Morgen immer früh auf und füttert die Tiere. Er möchte in einem Büro arbeiten. Er liest und schreibt gern Briefe.

Konrad findet Sekretär interessant. Brad Pitt und Orlando Bloom sind seine Idole. Er arbeitet gern draußen in der Natur. Er hat 3 Pferde, 24 Schweine und 10 Kühe.

Adrian ist Bauer von Beruf. Er steht ...

6 Berufe und Traumberufe

a Completa las frases. (Puedes buscar en el diccionario.)

Mein Traumberuf ist _____, aber ich finde auch _____ interessant.

Meine Mutter ist _____ und mein Vater ist _____ von Beruf.

b Pregunta en clase, escribe las respuestas y elabora una lista de las profesiones más deseadas.

Was ist dein Traumberuf?

Lehrer   IIII
Anwalt   II
Taxifahrer   I

7 Freizeitjobs

a Lee los anuncios.

A
Tina (2), Niki (4) und Leo (5) suchen einen Babysitter / eine Babysitterin (5 EUR/Stunde). Hast du am Dienstag und am Donnerstag von 18 bis 21 Uhr Zeit?
Dann ruf bitte an: 0221/3720405.

B
Hallo, mein Name ist William Zeidler und ich suche einen Job. Vom 21. Juni bis zum 2. August habe ich Ferien und möchte etwas Geld verdienen. Ich kann alles: babysitten, auf Tiere aufpassen und sie füttern, einkaufen, abwaschen, aufräumen und im Garten arbeiten. Haben Sie Arbeit für mich? Dann schreiben Sie bitte eine SMS an 079 23 35 55.

C
Für unsere Mutter (84) suchen wir eine nette Schülerin. Deine Aufgaben: einkaufen, abwaschen, aufräumen und mit dem Hund spazieren gehen. Wie oft? 3 x 1 Stunde in der Woche (montags, mittwochs und freitags). Wir bezahlen 6 Euro die Stunde. Interessiert?
Dann schreib eine Mail an karin.jokoutsch77@gmx.de und stell dich vor.

b A, B o C: ¿a qué anuncio corresponde? Marca con una cruz.

	A	B	C
1. Hier sollst du zweimal pro Woche kommen.	☐	☐	☐
2. Hier möchte jemand im Sommer arbeiten.	☐	☐	☐
3. Hier musst du auf Kinder aufpassen.	☐	☐	☐
4. Hier möchte jemand im Haus und im Garten helfen.	☐	☐	☐
5. Hier kannst du 18 Euro die Woche verdienen.	☐	☐	☐
6. Hier kann nur ein Mädchen arbeiten.	☐	☐	☐

12

Beruf Schüler & Was für ein Tag!

8 Ein Tagesablauf

a Ordena el texto en el orden correcto (1–10).

___ Am Nachmittag treffe ich meine Freunde und wir quatschen zusammen.

_1_ Mein Wecker klingelt um halb sieben.

___ Da esse ich etwas und mache sofort die Hausaufgaben.

___ Um Viertel nach sieben gehe ich zur Bushaltestelle und fahre mit dem Bus in die Schule.

___ Abendessen gibt es um 19 Uhr.

___ Dann frühstücke ich und höre noch ein bisschen Radio.

___ Der Unterricht beginnt um zehn vor acht.

___ Ich stehe auf und dusche.

___ Um eins oder um zehn vor zwei hört die Schule auf und ich fahre wieder nach Hause.

___ Danach sehe ich noch ein bisschen fern oder lese und gehe um halb zehn ins Bett.

b Escucha y comprueba con el CD.

2.26

c ¿Qué haces tú? Completa con **immer**, **oft**, **manchmal**, **nie**.

Ich stehe _____ um 7 Uhr auf.

Ich _____

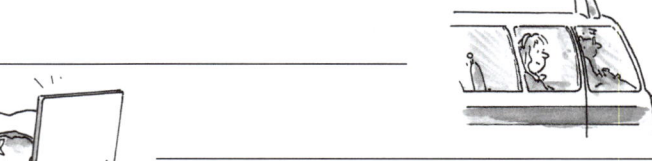

_____

_____

_____

_____

_____

d Trabajad en parejas y comparad vuestras frases del ejercicio c.

Ich stehe manchmal um sieben Uhr auf, und du?

Ich stehe nie um sieben Uhr auf.

9 ¿Qué piensas tú? **Peinlich, blöd, langweilig, normal, interessant, cool, toll?**

Heike singt Karaoke.   *Das finde ich* _____

Sie hat nur gute Noten.   _____

Sie hat eine Ratte.   _____

Sie geht nie auf Partys.   _____

Ihre Mutter holt sie mit dem Auto von der Schule ab.   _____

Sie hat einen Job als Babysitterin.   _____

Sie trägt in der Schule eine Uniform.   _____

Sie spricht Chinesisch.   _____

10 Was für ein Tag!

a Escucha y numera las fotos en el orden correcto.

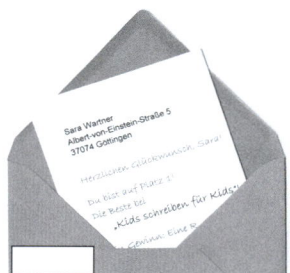

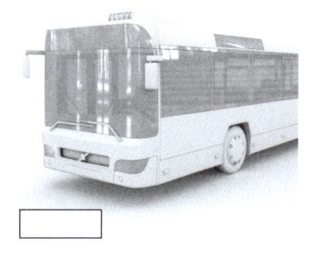

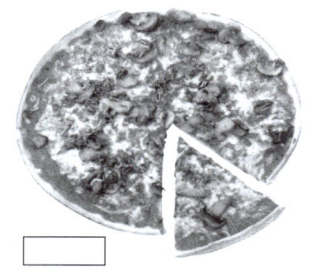

2.27

b **Saras Geschichte:** ¿Qué pasa? Los verbos te ayudarán. Escribe al menos una frase sobre las fotos 1–8 en el cuaderno.

anrufen • bekommen • frühstücken • kaufen • essen • fahren • lesen • schlafen

Sara schläft noch. Da ruft die Sekretärin an.

c ¿Cómo continúa la historia? ¿Por qué recibe Sara un regalo? ¿Qué es? ¿Qué hace ella? ¿Cómo reacciona? Escribe hipótesis.

Das Geschenk ist _____. Sara _____

_____

_____

d Así continúa la historia. Compara tu historia con la del CD. ¿Cuál crees que es mejor?

2.28

Pronomen im Akkusativ & Personen beschreiben

11 Personalpronomen im Nominativ und Akkusativ

a ¿Qué verbo corresponde? Completa. Marca después los pronombres personales.

finden • ~~lieben~~ • abholen • kennen • aufschreiben • besuchen • verstehen • fragen • anrufen •

1. Woher kommt der Brief? Da steht: „Ich _liebe_ dich."
2. Sebastian Müller? Wer ist das? Ich _____ ihn nicht.
3. Hey, Biggi und Sascha! Wir _____ euch heute um 4.
4. Wo sind meine Hefte? Ich _____ sie nicht.
5. Gehen wir zusammen zu Simon? _____ ihr uns _____?
6. Meine Oma hat heute Geburtstag. Ich _____ sie gleich _____.
7. Ist das Wort neu? Dann _____ ich es _____.
8. Frau Berger, darf ich Sie etwas _____? Ich verstehe die Aufgabe nicht.
9. Ich habe immer Probleme mit meinen Eltern. Sie _____ mich nicht.

b **Completa los pronombres personales en acusativo. El ejercicio a te ayudará.**

Nominativ	ich	du	er	sie	es	wir	ihr	sie	Sie
Akkusativ		_dich_							

c Minidialoge. ¿Cuál es el pronombre correcto en acusativo? Márcalo.

1. Wie findest du Rihanna? – Ich finde ihn/sie gut.
2. Liebst du Thomas? – Nein, ich liebe ihn/sie nicht.
3. Rufst du mich morgen an? – Ja, ich rufe es/dich um 5 an.
4. Magst du deinen Lehrer? – Ja, ich finde ihn/sie nett.
5. Kommt ihr heute mit uns ins Kino? – O.k., dann holen wir euch/sie ab.
6. Gefällt euch die neue CD von Beyonce? – Ja, wir mögen sie/es sehr.
7. Und wie findest du die Ohrringe? – Schön, aber ich kaufe sie/uns nicht.
8. Klaus, wann kann ich deine Mutter sprechen? – Sie ruft Sie/ihn morgen an, Herr Wirz.

12 Minidialoge: ¿Con cuál se corresponden?

1. _c_ Hast du die CDs?   a Klar, wo habt ihr sie?
2. __ Wie findest du die neue Musiklehrerin?   b Nein, nein, ich habe es hier.
3. __ Skypen ist super. Siehst du mich?   c Nein, aber ich hole sie sofort.
4. __ Kann Markus tanzen?   d Kein Problem, ich hole euch ab.
5. __ Der Bus fährt heute nicht.   e Nein, ich höre dich nur.
6. __ Könnt ihr uns die Aufgaben erklären?   f Ich mag sie nicht.
7. __ Suchst du dein Mäppchen?   g Frag ihn doch.

13 Completa con los pronombres adecuados en acusativo.

1. Kennst du meine neue Freundin? – Ja, ich kenne _sie_.
2. Verstehst du das Problem? – Nein, ich verstehe _____ nicht.
3. Wann machst du deine Hausaufgaben? – Ich mache _____ am Nachmittag.
4. Ich lade _____ zum Geburtstag ein. – Danke, wir kommen gern.
5. Woher kommt die Musik? – Ich habe _____ aus dem Internet.
6. Wann siehst du Heike und Max? – Ich treffe _____ morgen in der Stadt.
7. Kannst du _____ verstehen? – Nein, ich verstehe dich nicht. Die Musik ist zu laut.

14 Der Tagesablauf von Camilla Copilla

a Completa las palabras que faltan.

Das ist Camilla Copilla. Sie ist zweiundzwanzig und wohnt in den USA. Sie arbeitet in der Stadt.

Ihr Beruf ist Taxifahrerin. Am Morgen steht Camilla meist___ um n___ Uhr fünfundv_____ auf.

Da__ duscht s__ und frühstückt. Um ze__ U__ dreißig räumt Camilla d__ Küche auf. Danach g___ sie manchmal i_ den Superm____ und k____ ein.
Zu Ha___ liest sie dann oft ein B___ und um Viertel n___ eins koc__ sie und isst dann. Am lie_____ mag sie Pi___, aber sie i___ auch g___ Salat.
Camilla Copilla h__ ei___ Papagei. Er k___ spr_____. Camilla fin___ ihr Haustier toll – sie li___ Vögel, aber sie mag k____ Hunde. Mit Hunden m___ man spazieren ge___, Camilla aber faul____ lieber.
Von Mi_____ bis So_____ arbeitet Camilla. Meistens fängt sie um achtzehn Uhr an und hört um Mitternacht auf. Dann ist sie auch müde und geht sofort ins Bett.

b Comprueba con el CD.
2.29

15 Mein Tagesablauf

a Escribe tu horario exacto en el cuaderno.

Ich wache um ... auf. Um ... stehe ich auf. Dann ...

b Ein Spiel

Aktivitäten im Haus	Aktivitäten draußen	Aktivitäten in der Schule

12

Das kann ich

1 Puedo nombrar profesiones. ☺ 😐 ☹ ▷ KB/AB S. 107, 108

Poli	mann	_der Polizist_	_die Polizistin_
Künst	walt	_____	_____
Ver	zist	_____	_____
An	käufer	_____	_____
Kauf	ler	_____	_____

2 Puedo escribir informaciones sencillas sobre profesiones. ☺ 😐 ☹ ▷ KB S. 109/AB S. 107–109

Mein Onkel ist _Arzt_____. Er arbeitet in einem Krankenhaus.

Unsere _____ heißt Frau Heinemann. Sie unterrichtet Geschichte.

Ich finde _____ interessant. Da kann man Leute im Auto transportieren.

3 Puedo explicar mi horario. ☺ 😐 ☹ ▷ KB/AB S. 110/111, 113

Ich _stehe_____ um _____ Uhr auf. Dann dusche ich und _____: Ich trinke einen Tee

und esse ein Brot mit Marmelade. Nach dem Frühstück _____ ich in die Schule. Am Mittag

_____ ich wieder nach _____ und esse. Am Nachmittag _____ ich meine Freunde.

Um 18 Uhr 30 gibt es immer _____. Manchmal _____ wir danach fern.

Um 9 bin ich oft schon müde und gehe _____.

4 Puedo decir lo que hago a menudo/a veces/nunca. ☺ 😐 ☹ ▷ KB/AB S. 110

Ich habe immer am _____ Deutsch.

Ich spiele oft _____, aber nie _____.

Ich gehe manchmal _____.

So lerne und übe ich

5 Aprendo nuevas palabras mediante imágenes. a menudo   a veces   nunca

1 _____   2 _____   3 _____

6 Borro palabras de frases y las completo más tarde. a menudo   a veces   nunca

● Wie findest du die neue Musiklehrerin?   ● Skypen ist super. Siehst du mich?
○ Ich mag [____] nicht.   ○ Nein, ich höre [____] nur.

Testtraining

P3

Wiederholungsspiel: Esto es lo que has aprendido en geni@l klick Nivel A1.
Jugad entre tres. Vuestro profesor o vuestra profesora os explicará las reglas.

Start

Wie spät ist es?
6.15 Uhr
15.30 Uhr

Es ist …

Sofia kommt aus den USA. Sie spricht …
Bernd kommt aus Österreich. Er spricht …

Was sagst du?

Was machst du am Morgen? Erzähle.

Ich stehe um … Uhr auf. Dann …

Konjugiere:
laufen • können • essen • machen

Wie ist der Plural von: das Buch • die Schultasche • der Bleistift?

Was hat Daniel nicht?

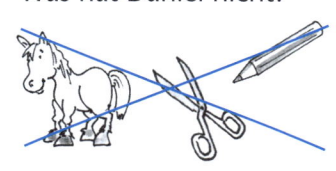

Sag drei Hobbys.

Ich spiele gern Fußball.

Wie heißen diese Wörter mit Artikel?

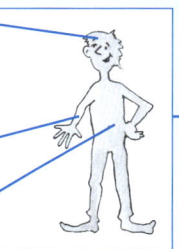

Was magst du lieber? Formuliere Sätze.
Computer spielen • Wii spielen • Hunde • Katzen • lesen • fernsehen …

Was findest du besser? Formuliere Sätze.
Ski fahren • Rad fahren • Mathematik • Deutsch • Kino • Theater …

Erzähle fünf Informationen zu deiner Familie.

Meine Mutter …

Wo warst du gestern?

Schreib zwei Informationen.

Was kann man hier tun?
In der Bäckerei …
Bei der Post …

Beschreib deinen Schulweg.
(3–4 Informationen)

Wie heißen die Berufe?
Sie arbeitet im Krankenhaus und hilft den Leuten.
_____

Er arbeitet im Flugzeug und fliegt in viele Länder.
_____

Ziel

P3

Testtraining – Hören

Hören
– Du hörst ein Gespräch und mehrere Nachrichten am Telefon.
– Zu jedem Teil gibt es Aufgaben.
– Kreuze an: Gespräch (richtig/falsch); Nachrichten (a/b/c).
– Du hörst alle Hörtexte **zweimal**.

Gespräch

a Schau das Beispiel (0) an und lies die Sätze 1, 2 und 3.

	richtig	falsch
Beispiel:		
0 Lars und Michael wollen am Wochenende einen Ausflug machen.	☒	☐
1. Sie fahren zum See.	☐	☐
2. Sie gehen in den Freizeitpark.	☐	☐
3. Sie fahren mit dem Bus.	☐	☐

b Hör das Gespräch und kreuze an. (richtig/falsch)
2.30

c Hör jetzt das Gespräch noch einmal und kontrolliere deine Lösung.

Nachrichten am Telefon

a Schau das Beispiel (0) an und lies die Sätze 4, 5 und 6.

Beispiel:

0 Wann ist die Party?

☐ a am Donnerstag   ☒ b am Freitag   ☐ c am Samstag

4. Luisa hat

☐ a Fieber und Bauchschmerzen.   ☐ b Fieber und Halsschmerzen.   ☐ c Fieber und Kopfschmerzen.

5. Michael wohnt im

☐ a Birkenweg 6.   ☐ b Birkenweg 8.   ☐ c Birkenweg 10.

6. Sonja ruft wieder an:

☐ a morgen Vormittag.   ☐ b morgen Nachmittag.   ☐ c morgen Abend.

b Hör die Nachrichten und kreuze an. (a, b oder c)
2.31

c Hör jetzt die Nachrichten noch einmal und kontrolliere deine Lösung.

Testtraining – Lesen

Hier sind zwei Beschreibungen von Jugendlichen in Deutschland. Lies sie.

Richtig oder falsch? Kreuze an.

Beschreibung 1

Ich heiße Annette und bin 15 Jahre alt. Ich wohne mit meiner Familie in Hamburg. Meine Familie, das sind: meine Eltern, mein Bruder und meine Schwester. Mein Bruder ist 12 und meine Schwester ist schon 18. Ich jobbe zurzeit als Babysitterin. Zweimal pro Woche gehe ich mit den zwei Kindern von Familie Krause in den Park und spiele dort mit ihnen. Dafür bekomme ich 10 Euro. Wenn ich nicht jobbe, spiele ich in unserer Schulband Saxofon. Musik ist nämlich mein Hobby und wir üben auch zweimal die Woche.

Beschreibung 2

Hallo, ich bin Marcel. Ich bin 15 und ich wohne in Celle. Ich habe keine Geschwister, aber meine Großeltern wohnen auch hier und ich sehe sie oft. Dieses Jahr fahren wir alle zusammen in den Urlaub nach Bayern. Ich finde Berge total cool. Dort wandern wir viel. Später möchte ich gerne in Bayern wohnen. Dann kann ich das ganze Jahr wandern.

	richtig	falsch
Beispiel:		
0 Annette wohnt mit ihrer Familie in Hannover.	☐	☒
Beschreibung 1		
1. Annettes Schwester ist jünger als sie.	☐	☐
2. Annette passt auf kleine Kinder auf.	☐	☐
3. Annette mag Musik.	☐	☐
Beschreibung 2		
4. Die Großeltern von Marcel wohnen in Celle.	☐	☐
5. Marcel mag keine Berge.	☐	☐
6. Marcel will in Bayern wohnen.	☐	☐

P3

Testtraining – Schreiben
Eine Postkarte
Du hast eine Postkarte bekommen. Lies sie.

Hallo Luisa,

herzliche Grüße aus Frankreich. Ich bin mit meinen Eltern und meiner Schwester in Paris und es ist total cool!!! Gestern waren wir auf dem Eiffelturm, von da oben kann man ganz Paris sehen. Morgen fahren wir nach Disneyland. Das ist super! Und das Essen ist toll: jeden Tag Crêpe. Ich kann schon auf Französisch das Essen bestellen. Zu Hause zeige ich dir die Fotos.

Ciao
Maria

Luisa Grieshuber
Poststr. 37
37073 Göttingen

Schreib Maria eine Postkarte aus den Ferien. Schreib etwas zu den folgenden Punkten 1–4. Denk an die Anrede und den Schluss!

1. Wo bist du?
2. Wer ist auch da?
3. Welche Aktivitäten machst du?
4. Was isst du?

P3

Testtraining – Sprechen

Sprechen 1

Arbeitet zu zweit. A formuliert eine Bitte, eine Aufforderung oder eine Frage. B reagiert. Dann wechselt ihr.

Schreib mir bitte eine Postkarte.

Sprechen 2

Bereite fünf Fragen zum Thema „Ferien" vor.

Urlaub	reisen	Wasser	Flugzeug
Sommer	Buch	Stadt	Berge

Wo machst du Urlaub? oder *Wann machst du Urlaub?*

Arbeitet zu zweit: Stellt Fragen und antwortet.

einhundertneunzehn | 119

P3

Mein Wortschatz

Observa la imagen. ¿Cuántas palabras puedes encontrar sobre los cuatro temas? Escríbelas con artículo.

Berufe • Lebensmittel • Orte • Verkehrsmittel

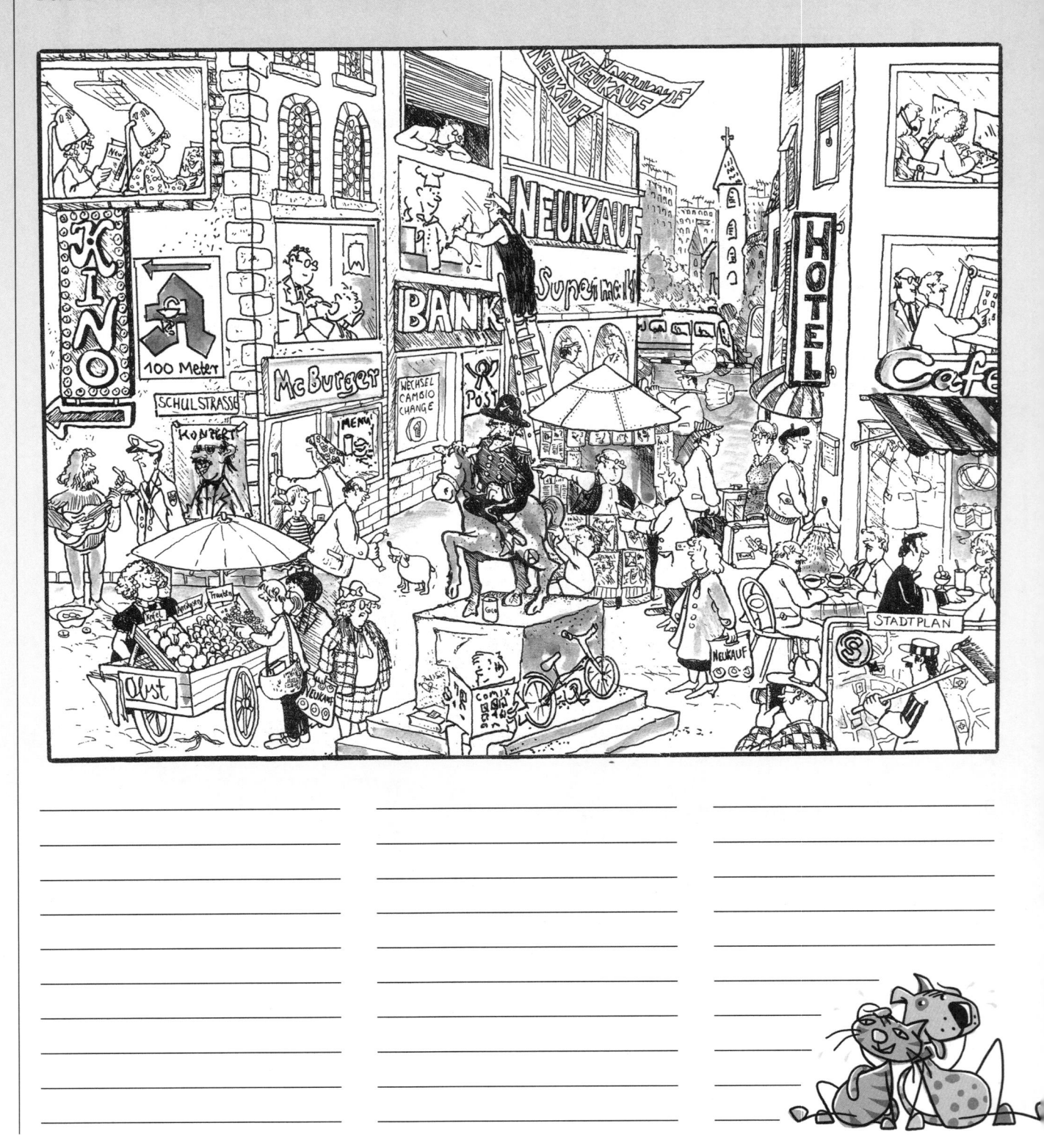

Videotrainer
Aufgaben zum Video geni@l klick A1

1 Vor dem Sehen: ¿Qué palabras encuentras para el tema «Medien-AG»?

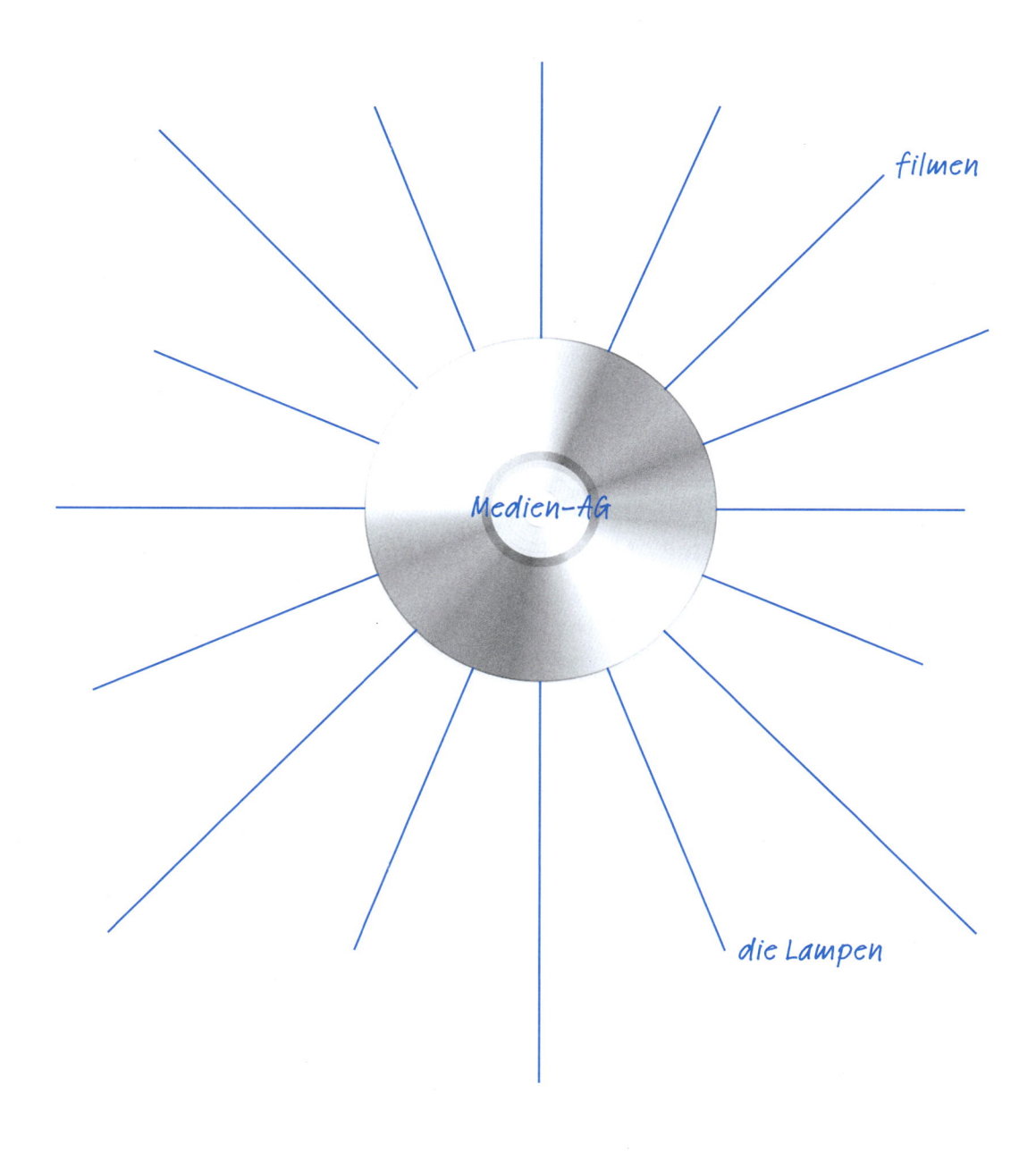

Medien-AG

filmen

die Lampen

Tipp:

Ejercicio del video, escena 1

Video Teil 1 – im Buch Kapitel 1–4

Ich bin Felix!

2 Die Medien-AG stellt sich vor.

Escribe en la tabla la información sobre estas personas.

Name	Mario Neumann			
Alter				
Wohnort				
Klasse				
Hobbys				

3 Ein Interview mit Lehrer Winter – Marca las respuestas correctas.

1. Herr Winter ist Techniker / Fußballspieler / **Lehrer**.
2. Er unterrichtet Geschichte / Geografie / Deutsch.
3. Er unterrichtet gern / nicht gern.
4. Er beginnt um 7 Uhr 45 / 8 Uhr 15 / 8 Uhr 45.
5. Um 11 Uhr / 13 Uhr / 15 Uhr hat er frei.
6. Am Montag / Mittwoch / Donnerstag ist Projekttag.
7. Am Freitagnachmittag hat Herr Winter Klavierunterricht / Medien-AG / Sport.

4 Jennys Stundenplan

a Escucha la escena 3. No mires la imagen. ¿Qué asignaturas tiene Jenny el miércoles por la mañana?

Jenny hat: _____ _____ _____ _____

b Ved ahora el video en común. ¿Qué hay en la habitación de Jenny? Trabajad en grupo. ¿Quién encontrará la mayoría de las palabras?

c Mira de nuevo la escena y comprueba tus respuestas a los ejercicios a y b.

5 Unser Schulweg – ¿Qué se ve en la escena? Marca con una cruz.

- ☒ die Freundin von Jenny
- ☐ ein Mäppchen
- ☐ eine Konditorei
- ☐ Fahrräder
- ☐ der Freund von Caro
- ☐ ein Handy
- ☐ ein Klavier
- ☐ ein Park
- ☐ ein Zeugnis
- ☐ ein Computer
- ☐ Hunde
- ☐ eine Schule
- ☐ zwei Schultaschen
- ☐ Autos
- ☐ ein Pferd
- ☐ ein Plakat

Video Teil 2 – im Buch Kapitel 5–8

6 Eine Verabredung im Park

a ¿Qué pasa en las fotos (a–h)? Relaciona.

___ Karim geht mit Ginger weg. ☐
___ Caro ruft Karim an. ☐
___ Karim isst etwas. ☐
___ Ginger ist zu Hause. ☐

___ Caro bekommt eine Karte für ein Konzert. ☐
_c_ Caro spielt mit Ginger im Park. _1_
___ Caro geht mit Ginger zum Parktor. ☐
___ Caro kommt zurück. Sie bringt Cola-Dosen mit. ☐

b Mira ahora la escena y numera las frases en el orden correcto (1–8).

7 Papa, darf ich ins Konzert?

a Lee las frases 1–12 y mira la escena sin sonido. ¿Quién crees tú que dice cada frase? Escribe: **C** = Caro, **V** = Vater, **M** = Mutter

1. _V_ Kannst du mir bitte noch Tee geben?
2. ___ Danke.
3. ___ Ich hab' Karten vom Konzert von den Mischka Singers.
4. ___ Darf ich ins Konzert?
5. ___ Wann ist denn das Konzert?
6. ___ Am Freitag um 8.
7. ___ Du bist zu jung. Du bist einfach zu jung. Du bist 14.
8. ___ Aber ich geh' doch auch nicht alleine hin. Karim kommt mit.
9. ___ Und wenn ihr mitkommt?
10. ___ Also ich kann nicht. Ich spiele am Freitag Volleyball.
11. ___ Und ich hab' keine Lust.
12. ___ Ihr seid so unfair, total unfair.

b Mira ahora la escena con sonido. Comprueba y corrige tus respuestas al ejercicio a.

8 Eine Überraschung für Caro

a Escucha la escena sin mirar. ¿Qué pasa?

_____

b Comprueba tus respuestas con el video.

Video Teil 3 – im Buch Kapitel 9–12

9 Wie findest du den Clip?

a Estos jóvenes hablan sobre unos videos. ¿Quién crees tú que dice esto? Relaciona.

„Ziemlich langweilig." – Foto __ • „Der gefällt mir gar nicht." – Foto __ • „Hey, cool." – Foto __ •
„Hey Leute, schaut mal, ein altes Video von unserer Schule." – Foto __

b Mira ahora la escena y comprueba/corrige tus respuestas.

10 Unsere Schule – ein Portrait

a Mira primero la escena sin sonido. ¿Qué lugares y habitaciones graba Eva?

Treppe _____ _____ _____

_____ _____ _____

b Mira la escena con sonido y comprueba/corrige tus respuestas.

_____

_____

11 Eine Einladung – Lee la invitación de Jenny para Caro. ¿Qué información falta? Complétala. El video te ayudará.

> Liebe Caro,
>
> am _____ habe ich Geburtstag und mache eine _____. Ich _____ dich herzlich ein. Das Fest _____ um 15 Uhr und hört um 20 Uhr auf.
> Wir _____ Würstchen vom Grill und _____. Und wir _____ Limo, Saft und Cola. Du kannst auch deinen _____ Karim mitbringen.
> Kommst du?
>
> Deine _____

12 Eva und ihre Berufe

a ¿Qué se puede regalar en un cumpleaños? Escríbelo.

_____
_____

b Un regalo para Jenny. Marca con una cruz: **richtig? falsch?** Corrige las respuestas erróneas.

	r	f	
1. Mario hat kein Geld.	☐	☐	_____
2. Mario will Eva Blumen schenken.	☐	☐	_____
3. Eva sagt, Mario kann einen Salat machen.	☐	☐	_____
4. Eva möchte ein Geschenk kaufen.	☐	☐	_____

c ¿Cuánto dinero gana Eva a la semana?

_____

13 Jennys Geburtstagsparty

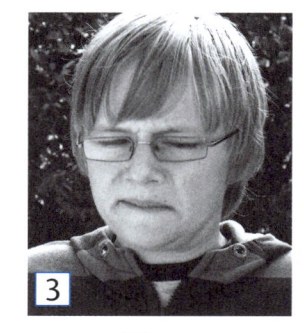

a ¿Qué frase corresponde a cada imagen?

☐ a. „Selbst gemacht. Musst du probieren."
☐ b. „Eva konnte nicht kommen. Sie hat abgesagt."
☐ c. „Herzlichen Glückwunsch."
☐ d. „Schmeckt irgendwie salzig."

b Mira ahora la escena y comprueba/corrige las respuestas al ejercicio a.

c Nach der Party. ¿Qué le escribe Jenny a Eva?

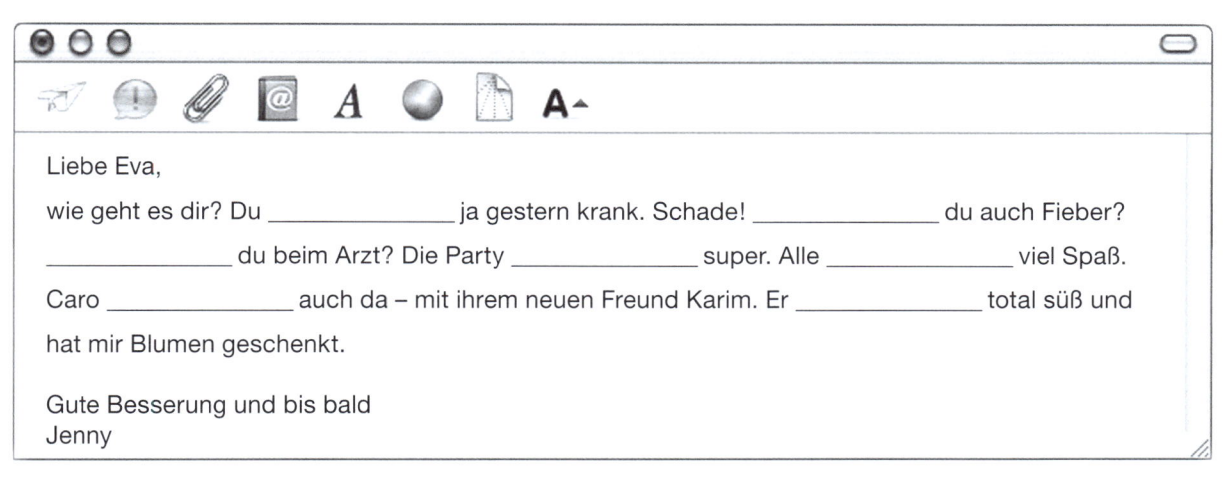

Liebe Eva,

wie geht es dir? Du _____ ja gestern krank. Schade! _____ du auch Fieber? _____ du beim Arzt? Die Party _____ super. Alle _____ viel Spaß.

Caro _____ auch da – mit ihrem neuen Freund Karim. Er _____ total süß und hat mir Blumen geschenkt.

Gute Besserung und bis bald
Jenny

Nach dem Sehen

14 ¿Qué información corresponde a cada persona (Eva, Jenny, Mario, Charlotte, Felix, Karim)?

1. _____ will über die Schule fliegen und ein Video drehen.
2. _____ filmt den Schulweg.
3. _____ trägt Zeitungen aus.
4. _____ ist am Geburtstag von Jenny krank.
5. _____ schenkt Caro eine Karte für das Konzert von den Mischka Singers.
6. _____ trägt eine Brille.
7. _____ spielt Fußball.
8. _____ kommt aus Stuttgart.

15 Escribe un cuestionario verdadero-falso sobre el video. Tu compañero responde.

	r	f
Caro ist die Freundin von Felix.	☐	☐
Karim ist nicht in der Medien-AG.	☐	☐
	☐	☐
	☐	☐
	☐	☐
	☐	☐
	☐	☐
	☐	☐

Sprache im Arbeitsbuch

Así aparece en el libro de ejercicios   **Así lo digo en español**

Kreuze an.

Ordne zu.

Markiere.

Schreib auf.

Sprich laut.

Das Kursbuch hilft.

Wie heißen die Wörter?

Verbinde.

Weißt du das?

Füll ... aus.

Schau ... an.

Bereite ... vor.

Trenn die ...

Benutze ...

Setz ... ein.

Lös die Aufgabe.

Achte auf ...

Berichte.

Welchen/Welches/Welche ... kennst du?

Welche ... helfen dir?

Erzähle.

Gib Tipps.

Wie geht es weiter?

Lösungen zu „Das kann ich" und zu „So lerne und übe ich"

Kapitel 1

1 1. *Wie* heißt du?   2. *Was* ist das?   3. *Wer* ist das?

2 • *Hallo*, Erika   ○ Guten *Tag*, Frau Raab, *wie* geht's?
  • *Danke*, gut, und dir?   ○ Danke, auch *gut*.
  • *Tschüs*, Erika!   ○ Auf *Wiedersehen*, Frau Raab.

3a • Wie heißt sie?   ○ Janine.
  • *Wie bitte?*   ○ J-a-n-i-n-e.
  • Aha, sie heißt Janine.

3b Und 2? *z-w-e-i*   Und 10? *z-e-h-n*

4 Februar – Olympischen – Nationen – Medaillen – Teams – Nationen

Kapitel 2

1
1. Ich heiße ...
2. Ich komme aus ...
3. Ich wohne in ...
4. Ich bin ... (Jahre alt).
5. Ich spreche ... und ...
6. Ich mag ...
7. Wie heißt du?
8. Wie alt bist du?
9. Woher kommst du?
10. Wo wohnst du?
11. Welche Sprachen sprichst du?
12. Was magst du?

2 Das ist Manuel. Er kommt aus Österreich. Er mag Rap-Musik und spielt Fußball. Er kann Englisch und Deutsch.

3 1. Telef*o*n, 2. tel*é*fono, 3. tél*é*phone

4 Ich heiße Lena. → Wie heißt sie?
Ich bin 14 Jahre alt. → Wie alt ist sie?
Ich komme aus München, das ist im Süden von Deutschland. → Woher kommt sie?
Ich wohne in Karlsruhe. → Wo wohnt sie?
Ich schwimme gerne und höre gerne Rap. → Was mag sie?
Mein Hund Hasso ist 1 Jahr alt. → Wie alt ist Hasso?

Kapitel 3

1 1. *Hat Marie (sie)* eine Katze? – Ja, ...   3. *Kommt* Pedro aus Italien? – Nein, ...
  2. *Kannst du kochen?* – Ja, ...   4. Macht Mario Interviews? – *Ja, er macht Interviews.*

2a der Spitzer, die Schere, das Lineal, der Kuli, der Marker, der Radiergummi, der Bleistift, der Füller

2b eine Tafel, ein Tisch, ein Stuhl, ein Regal

2c Das ist *ein* Kuli.   Das ist *der* Kuli von Gabi.   Gabi hat *keine* Brille.
  Das ist eine *Schere*.   Das ist *die Schere* von Gabi.   Gabi hat *kein Lineal*.

Kapitel 4

1a 3 – 2 – 4 – 1

1b 1. Es ist fünf nach zwei (vierzehn Uhr fünf).
2. Es ist Viertel vor acht.
3. Es ist zehn nach neun (neun Uhr zehn).

2 b. Wann hast du Sport? Sport habe ich am ...
c. Wann hast du schulfrei? Schulfrei habe ich am ...
d. Wie viele Sprachen lernt ihr? Wir lernen ...

3 Schulfächer: Biologie, Französisch, Deutsch, Englisch, Geografie, Geschichte, Musik, Kunst, Sport, ...

Kapitel 5

1 Philip hat eine *Katze*. *Seine* Katze heißt Trine und ist 12 Jahre alt. *Ihre* Beine sind *schwarz*. Trine *ist* sehr süß. Sie hat keinen *Schwanz*. Sie mag *Schokolade*. Und was ist *dein* Haustier?

2 ☹ Ich mag kein/e/n ...   ☺ Ich mag ...   ☺☺ mein Lieblingsfach ist ...; meine Lieblingsmusik ist ...

3 Woher kommt Rebecca? – *Aus Österreich.*   Wie heißt Rebeccas Klassenlehrerin? – *Frau Merten.*
Wann bekommen die Hunde Futter? – *Am Abend.*   Was ist Rebeccas Hobby? – *Reiten.*

4 Tisch – *Stuhl*   mein – *dein*   klein – *groß*
Hund – *Katze*   Lehrer – *Schüler*   er – *sie*

5 Nominativ: *der* (ein) Fisch   *das* (ein) Pony   *die* (eine) Ratte   *die* (–) Tiere
Akkusativ: *einen* Fisch   *ein* Pony   *eine* Ratte   *die (–)* Tiere

Kapitel 6

1 ● Hallo Sandra, hier ist Laura, ich gehe *schwimmen*. Hast du *Zeit*?
○ Wann gehst du denn?
● *Um 4 Uhr.*
○ *Super, ich komme mit. – Schade, da kann ich nicht.*

2 Ich mag Elefanten, aber ich mag keine Fliegen.
Ich kann nicht tanzen, aber ich kann Fußball spielen.
Ich kann kochen, aber ich kann nicht Gitarre spielen.
Ich kann nicht Auto fahren, aber ich kann Fahrrad fahren.

3 Wann *stehst* du *auf*? – ....
Wann *kommst* du in der Schule *an*? – ....

4 an|machen – ab|holen – auf|hören – mit|kommen

5 ● Hallo Marco.   ○ Hallo Peter.
● Hast du heute Zeit?   ○ Ja, warum?
● Ich gehe in den Freizeitpark. Kommst du mit?   ○ Gerne, wann denn?
● Um 10 Uhr.   ○ Super, bis dann.

Kapitel 7

1. Ich spiele.., ich treffe.., ich fahre.., ich lese.., ich höre.. .

3. (Satz 3) Was machst du in den Ferien?   (Satz 4) Was machst du heute?

4. Ich lese lieber Bücher als Comics. Ich spiele lieber Gitarre als Klavier.

5. Ich finde Sport besser als Musik. Ich habe lieber Bio als Mathe.

6. Wie gefällt dir die Bluse? – *Die finde ich blöd / nicht gut. Die sieht doof / nicht gut aus.*
   Wie findest du das Kleid? – *Das* sieht *cool/klasse aus*.
   Wie *gefällt dir* der Pullover? *Den mag ich. Den finde ich gut.*

Kapitel 8

2. Hier kochen meine Eltern: *Das ist die Küche.*
   Hier sieht die ganze Familie fern: *Das ist das Wohnzimmer.*
   Hier spiele ich Fußball oder faulenze: *Das ist der Garten.*
   In meinem Zimmer? *Da kann ich Hausaufgaben machen, schlafen, spielen ...*

3a. Bild A: Satz 4   Bild B: Satz 1   Bild C: Satz 3   Bild D: Satz 2

3b. Schlag das Wort nach.   Korrigier(e) das Wort.   Ergänze die Zahlen.   Ordne die Buchstaben.

Kapitel 9

1a. Lieber Mark,
    am Samstag habe ich Geburtstag. Ich lade dich herzlich ein. Wir feiern im Jugendzentrum, Hauptstr. 15. Die Party beginnt um 16 Uhr.
    Kommst du?
    Felix

1b. Lieber Felix,
    ich komme gern,
    dein Mark

2. Frohe Ostern!   Frohe Weihnachten!   Herzlichen Glückwunsch!

3. der Kopf   Ich habe Kopfschmerzen. / Der Kopf tut weh.
   der Bauch   Ich habe Bauchschmerzen. / Der Bauch tut weh.
   der Rücken   Ich habe Rückenschmerzen. / Der Rücken tut weh.

4. Ich war in der Schule. Ich war einkaufen. Ich hatte Fieber. Ich hatte viele Hausaufgaben.

5. Wann ist das Schulfest? Wie alt ist die Schule? Wann beginnt das Fest? Wer kommt? Was macht ihr? Was spielt ihr? ...

Kapitel 10

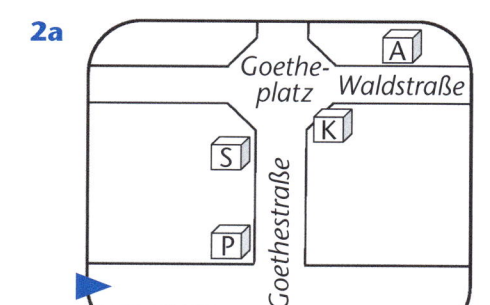

2a

2b Die Apotheke ist in der Waldstraße.
Der Kiosk ist am Goetheplatz.
Der Supermarkt ist in der Goethestraße.

2c Du gehst zuerst *geradeaus*.
An der Post biegst du *links* ab und dann gehst du *geradeaus*.
Am Goetheplatz gehst du nach *rechts*.

Kapitel 11

1 Kiel *liegt im Norden von Deutschland*. Dresden *liegt im Osten von Deutschland*.
München *liegt im Süden von Deutschland*. Köln *liegt im Westen von Deutschland*.

2 Ich *nehme einen Hamburger und eine Cola.*
Wie viel kostet das?

3 *Liebe Susanne,*
München ist super. Das Wetter ist schön und heute war ich shoppen. Wir haben viel Spaß.
Viele Grüße,
Claudia

4 Italien: *Ich fahre nach Italien.* Bodensee: *Ich fahre an den Bodensee.*
Schweiz: *Ich fahre in die Schweiz.* Berge: *Ich fahre in die Berge.*

5 1 Brandenburger Tor – 2 Tiger – 3 Pommes frites – 4 Eiffelturm

Kapitel 12

1 der Polizist   die Polizistin   der Anwalt   die Anwältin
der Künstler   die Künstlerin   der Kaufmann   die Kauffrau
der Verkäufer   die Verkäuferin

2 Mein Onkel ist *Arzt*. Er arbeitet in einem Krankenhaus.
Unsere *Lehrerin* heißt Frau Heinemann. Sie unterrichtet Geschichte.
Ich finde *Taxifahrer/Taxifahrerin* interessant. Da kann man Leute im Auto transportieren.

3 Ich *stehe* um __??__ Uhr auf. Dann dusche ich und *frühstücke*: Ich trinke einen Tee und esse ein Brot mit Marmelade. Nach dem Frühstück *gehe/fahre* ich in die Schule. Am Mittag *gehe/fahre/komme* ich wieder nach *Hause* und esse. Am Nachmittag *treffe* ich meine Freunde. Um 18 Uhr 30 gibt es immer *Abendessen*. Manchmal *sehen* wir danach fern. Um 9 bin ich oft schon müde und gehe *ins Bett*.

5 1 Anwältin – 2 Hausmann – 3 Zahnarzt

6 Ich mag *sie* nicht. Nein, ich höre *dich* nur.

Lösungen zu Testtraining 1–3

Plateau 1

1 Name: Berger – Wohnort: Hamburg – Land: Deutschland – Alter: 15 – Klasse: 10 – Sprachen: Deutsch, Französisch, Englisch – Hobbys: Musik hören, Gitarre spielen – Tiere: Katze

2 Das *ist* Fridolin *Ricci*. Er *ist* 16 und *wohnt* in *München*. Er *geht* ins Gymnasium. Seine Familie kommt *aus Italien*. In der Schule *lernt* er vier *Sprachen* und Spanisch ist sein *Lieblingsfach*. Er *spielt* Fußball und hat am *Montag* und *Mittwoch Fußballtraining*. Sein *Hund heißt* Apollo!

Testtraining – Hören

Gespräch 1 **Gespräch 2**
1f – 2r – 3r   4c – 5c – 6b

Testtraining – Lesen

Text 1 **Text 2**
1f – 2r – 3f   4b – 5a – 6a

Testtraining – Sprechen

Sprechen 1 (Ideen)
Ich wohne in … Ich komme aus … Ich spreche … Meine Hobbys sind …

Mein Wortschatz

1 Schulfächer: Sozialkunde – Physik – Kunst – Noten – Zeugnis – die Aufgabe
Stundenplan: der Nachmittag – die Stunde – die Mittagspause – der Schultag – schulfrei – der Unterricht
Personen in der Schule: die Schüler – die Lehrer
Klassenzimmer: das Regal – der Tisch – die Stühle – das Plakat – der Computer
Aktivitäten: fragen – antworten – schreiben – trainieren – erklären – lernen – wählen – üben
Schulmaterial: die Flöte – die Hefte – das Arbeitsbuch – der Marker

Plateau 2

1 Meine Mutter kocht in der Küche Spaghetti.
Räum bitte dein Zimmer auf.
Die Kinder spielen im Garten Volleyball.
Am Vormittag haben wir Schule.
Familie Huber sieht im Wohnzimmer fern.
Irene mag ihre Sportlehrerin.
Im Bad kann ich duschen.
Um 10 Uhr ist Pause.
Holt ihr Oma am Bahnhof ab?
Das T-Shirt gefällt mir nicht.
Heute habe ich keine Zeit.
Mein Bruder liebt seinen Hund.

2 (Ideen) Pass immer auf! Mach die Hausaufgaben! Schreib nicht bei Otto ab. Lies zu Hause. Sieh nicht fern. Mach in der Freizeit Sport!

3 Der Film fängt *um* 20 Uhr an.
Oliver spielt *besser* Saxofon als Klavier.
Räum doch endlich dein Zimmer *auf*.
Am Wochenende habe *ich* keine Schule.
Anna sucht *ihren* Hund.
Geht ihr mit *ins* Kino?
Und wie findest du *das* hier?
An Donnerstag trifft Timo *seine Freunde*.

Testtraining – Hören

Gespräch 1   **Gespräch 2**
1f – 2r – 3f   4b – 5a – 6b

Testtraining – Lesen

Anzeige 1   **Anzeige 2**
1r – 2r – 3r   4b – 5c – 6a

Testtraining – Sprechen

Sprechen 2 (Ideen)
Kommst du mit shoppen/Fußball spielen? Was machst du am Wochenende? Hast du um vier Uhr Zeit? Wann fängt der Film an? Schwimmst du gern? Wie findest du die Simpsons/Tokio Hotel...?

Mein Wortschatz

1a

M	J	A	C	K	E	M	X	P	V	E	O	C	O	G	P	F	P	U	L	L	O	V	E	R	E
M	Z	V	U	Z	G	C	Y	I	O	N	S	O	D	T	A	N	Z	E	N	E	N	N	K	Y	K
B	R	U	D	E	R	T	S	N	G	R	C	U	U	Z	P	O	D	L	C	B	K	F	L	S	L
R	Q	K	H	N	L	G	Z	G	E	Q	H	S	N	S	A	J	P	T	H	B	E	R	E	Y	E
A	H	E	L	L	B	L	A	U	L	U	W	I	K	S	G	E	N	E	B	G	L	S	S	F	I
U	Q	Z	K	B	I	B	Z	I	Q	I	I	N	E	F	E	A	Y	R	U	Y	P	F	E	R	D
N	A	V	K	O	C	H	E	N	J	A	M	E	L	G	I	N	N	N	N	Z	G	N	N	G	N
G	T	Ä	E	N	J	X	F	X	K	C	M	G	R	O	S	S	M	U	T	T	E	R	E	S	A
D	R	O	N	K	T	W	E	I	S	S	E	Q	O	O	R	A	P	T	A	P	G	C	J	Q	M
R	E	I	T	E	N	Y	F	B	R	W	N	Z	T	F	I	S	C	H	X	B	L	U	S	E	K

1b Hobbys: kochen, reiten, schwimmen, lesen, tanzen
Tiere: der Papagei, der Fisch, der Pinguin, das Pferd, der Vogel
Familie: die Großmutter/die Mutter, der Bruder, die Cousine, der Onkel, die Eltern
Kleidung: der Pullover, das Kleid, die Bluse, die Jacke, die Jeans
Farben: braun, weiß, bunt, hellblau, dunkelrot

2a ins Kino gehen   Hausaufgaben machen
Video-AG haben   Karten spielen
die Freundin anrufen   ein Buch lesen
einen Kakao trinken   Salat essen

2b Was macht Lena um 19 Uhr? – Um 19 Uhr spielt sie Karten.
... am Abend? – Am Abend liest sie ein Buch.
... am Mittag? – Am Mittag isst sie Salat.
... am Mittwoch? – Am Mittwoch geht sie ins Kino.
... um 18 Uhr? – Um 18 Uhr ruft sie die Freundin an.
... heute? – Heute hat sie Video-AG.
... um 17 Uhr? – Um 17 Uhr macht sie Hausaufgaben.
... am Morgen? – Am Morgen trinkt sie einen Kakao.

Plateau 3

Wiederholungsspiel

Es ist 6 Uhr 15 / Viertel nach sechs; Es ist halb vier.
Sie spricht Englisch. Er spricht Deutsch.
Guten Morgen.
ich laufe – du läufst – er/es/sie läuft – wir laufen – ihr lauft – sie/Sie laufen
ich kann – du kannst – er/es/sie kann – wir können – ihr könnt – sie/Sie können
ich esse – du isst – er/es/sie isst – wir essen – ihr esst- sie/Sie essen
ich mache – du machst – er/es/sie macht – wir machen – ihr macht – sie/Sie machen
die Bücher – die Schultaschen – die Bleistifte
Er hat kein Pferd / keinen Bleistift / keine Schere.
der Arm, der Kopf, der Bauch
Ich spiele lieber Computer als Wii. Ich mag Hunde lieber als Katzen. Ich finde lesen besser als fernsehen. Ich finde Ski fahren besser als Rad fahren. Ich finde Deutsch besser als Mathe. Ich finde Kino besser als Theater.
Gestern war ich in der Schule. Ich war im Schwimmbad.
In der Bäckerei kann man Brötchen kaufen. Bei der Post kann man Briefmarken kaufen.
die Krankenschwester/Ärztin; der Pilot

Testtraining – Hören

Gespräch
1f – 2r – 3f

Nachrichten am Telefon
4c – 5b – 6c

Testtraining – Lesen

Beschreibung 1
1f – 2r –3r

Beschreibung 2
4r – 5f – 6r

Testtraining – Sprechen

Sprechen 1 (mögliche Lösungen)
Mach bitte das Fenster zu! Kommst du mit ins Kino?
Hast du einen I-Pod? Hast du einen Kuli?
Gibst du mir ein Geschenk? Gib mir das Buch.
Gib mir bitte ein Stück Pizza. Wo sind meine Schuhe?
Schreib mir bitte eine Postkarte. Hast du einen Hund?

Sprechen 2 (Ideen)
Wohin reist du? Reist du gern? Wo warst du im Sommer? Wohin fährst du im Sommer?
Wie war das Wasser im Meer? Gehst Liest du im Urlaub ein Buch? Wo liest du im Urlaub ein Buch?
du gern ins Wasser? Wie war die Stadt? Magst du die Stadt?
Fliegst du mit dem Flugzeug? Magst du die Berge? Warst du in den Bergen?

Mein Wortschatz

(Beispiele)
Berufe: der Frisör, der Koch, der Architekt, der Polizist, der (Zahn-)Arzt, die Verkäuferin, die Sekretärin
Lebensmittel: der Kuchen, der Apfel, die Wurst, der Hamburger, der Kaffee, das Eis
Orte: das Kino, die Apotheke, die Bank, die Post, der Supermarkt, die Bäckerei, das Hotel, die Kirche, der Kiosk, das Café
Verkehrsmittel: der Bus, das Fahrrad, die U-Bahn

Lösungen Videotrainer

1. (Beispiele) filmen, fotografieren, interviewen, fragen, antworten, kontrollieren, bearbeiten, der Film, das Video, die Lampe, die Technik, die Technikerin, das Interview, der Computer, die Kamerafrau

2.

Name	Mario Neumann	Charlotte	Eva Schmidt	Jenny Fischer
Alter	14		14	
Wohnort	München			
Klasse	8a			8a
Hobbys	Ski, Tennis, schwimmen, Interviews	fotografieren, Musik, Fußball	Gitarre/Klavier spielen, surfen, tauchen, filmen	Videos am Computer bearbeiten

3. 1. Lehrer 2. Geschichte 3. gern 4. 7 Uhr 45 5. 13 Uhr 6. Mittwoch 7. Sport

4a Physik, Französisch, Deutsch, Sport

4b die Gitarre, das Radio, die Schultasche, der Stundenplan, die Hefte, die Bücher, das Mäppchen, der Stuhl, der Tisch, der Schrank, das Fenster, Plakate, …

5. die Freundin von Jenny, zwei Schultaschen, ein Handy, Autos, eine Konditorei, Hunde, Fahrräder, ein Park, ein Plakat

6.
5 g Karim geht mit Ginger weg.   8 f Caro bekommt eine Karte für ein Konzert.
2 a Caro ruft Karim an.   1 e Caro spielt mit Ginger im Park.
4 d Karim isst etwas.   3 c Caro geht mit Ginger zum Parktor.
7 h Ginger ist zu Hause.   6 b Caro kommt zurück. Sie bringt 2 Cola-Dosen mit.

7. 1. V – 2. V – 3. C – 4. C – 5. V – 6. C – 7. M – 8. C – 9. C – 10. M – 11. V – 12. C

8. Caro und Karim fliegen über das Konzert von den Mishka Singers.

9. 1. „Der gefällt mir gar nicht." – 2. „Hey Leute, schaut mal, ein altes Video von unserer Schule." – 3. „Hey, cool." – 4. „Ziemlich langweilig."

10. Treppe, Klassenzimmer, Pausenhof, Chemieraum, Bioraum, Sportplatz

11. Liebe Caro,
am *Samstag* habe ich Geburtstag und mache eine *Party*. Ich *lade* dich herzlich ein. Das Fest *beginnt* um 15 Uhr und hört um 20 Uhr auf. Wir *essen* Würstchen vom Grill und *Kuchen*. Und wir *trinken* Limo, Saft und Cola. Du kannst auch deinen *Freund* Karim mitbringen.
Kommst du?
Deine *Jenny*

12a eine CD, eine DVD, einen Film, ein Buch, Blumen, eine Konzertkarte, einen Füller, ein Mäppchen, Kuchen …

12b 1r – 2r – 3f (richtig ist: Eva sagt, Mario kann einen Kuchen machen) – 4r

12c 15–20 Euro

13a a. 2 – b. 4 – c. 1 – d. 3

13c Liebe Eva,
wie geht es dir? Du *warst* ja gestern krank. Schade! *Hattest* du auch Fieber? *Warst* du beim Arzt? Die Party *war* super. Alle *hatten* viel Spaß. Caro *war* auch da – mit ihrem neuen Freund Karim. Er *war* total süß und hat mir Blumen geschenkt.
Gute Besserung und bis bald, Jenny

14. 1. Jenny – 2. Jenny – 3. Eva – 4. Eva – 5. Karim – 6. Felix – 7. Charlotte – 8. Mario

Bildquellen

Cover	Titelfoto: Korhan Isik/iStock Photo; Hintergrund: Aleksandar Velasevic/iStock Photo
U2	© Polyglott Verlag
S. 8	1, 5: Getty Images; 2: shutterstock.com; 3: BMW AG; 4: Laif; 6: akg-images
S. 9	1: dpa/picture-alliance; 2: Laif; 3: Fotolia.com; 4: BMW AG
S. 12	Mauritius Images
S. 15	Digitalkamera, Filmkamera: iStock Photo; Charlotte: Sabine Wenkums; alle weiteren Fotos: E. Burger
S. 16	1, 2: Fotolia.com; 3: Langenscheidt Archiv; 4: iStock Photo; 5: shutterstock.com
S. 20	shutterstock.com
S. 21	Getty Images
S. 23	alle Fotos: Dieter Mayr Photography
S. 26	alle Fotos: Fotolia.com
S. 27	a: shutterstock.com; b: E. Burger; c: Fotolia.com
S. 30	B. Welzel
S. 32	alle Fotos: P. Pfeifhofer
S. 39	oben: Fotolia.com; unten: P. Pfeifhofer
S. 41	alle Fotos: Fotolia.com
S. 49	rechts, mitte: Fotolia.com; links: iStock Photo
S. 51	P. Pfeifhofer
S. 53	Comic: Helen von Allmen
S. 57	shutterstock.com
S. 58	mitte: Fotolia.com; links, rechts: shutterstock.com
S. 59	oben: shutterstock.com; unten: Corbis
S. 63	alle Fotos: P. Pfeifhofer
S. 65	dpa/picture-alliance
S. 69	1, 2, 5: Fotolia.com; 3, 4, a–e: shutterstock.com
S. 78	oben: shutterstock.com; unten: Dieter Mayr Photography
S. 80	iStock Photo
S. 81	Schwimmbad: Getty Images; Freizeitpark: Mauritius Images; Kinokarte: Pixelio
S. 83	2: Corbis; 3: P. Pfeifhofer; 4: E. Burger; 5: Dieter Mayr Photography; 6: Caro; 7: Fotolia.com
S. 90	links: Fotolia.com; rechts: E. Burger
S. 93	Dieter Mayr Photography
S. 99	Polyglott Verlag
S. 100	1: shutterstock.com; 2, 3, 5, 6: Fotolia.com; 4: Peter Peitsch/peitschphoto.com
S. 101	Pixelio
S. 106	alle Fotos: Fotolia.com
S. 111	Ratte: shutterstock.com; Schaufenster, Müsli, Mädchen mit Telefon, Bus, Geschenk, Pizza: Fotolia.com; Brief: B. Welzel; Bett: Bettina Lindenberg
S. 113	Taxifahrerin: shutterstock.com; unten: P. Pfeifhofer
S. 117	Mädchen: Fotolia.com; Junge: shutterstock.com
S. 118	Briefmarke: Fotolia.com
S. 121	CD: Fotolia.com
S. 122	4 Fotos: E. Burger; 2.v.l.: aus Video geni@l klick A1
S. 123–125	aus Video geni@l klick A1

In einigen Fällen ist es uns trotz intensiver Bemühungen nicht gelungen, die Rechteinhaber zu ermitteln. Für entsprechende Hinweise wären wir dankbar.

Höraufnahmen zu geni@l klick

Sprecher – Jugendliche: Vincent Buccarello, Eva Fras, Mario Geiß, Felix Grams, Jakob Gutbrod, Barbara Kretzschmar, Charlotte Mörtl, Jenny Perryman, Marco Scarpa, Caro Seibold, Anja Stadler
Sprecher – Ansagen/Aussprache: Ulrike Arnold, Detlef Kügow, Elke Burger, Benno Grams, Verena Rendtorff, Annalisa Scarpa, Ruth Stefani, Jenny Stölken, Peter Veit, Sabine Wenkums, Ememkut Zaotschnyj
Musik: Jan Faszbender, Storno, Alexander Aunkofer
Regie: Theo Scherling, Sabine Wenkums
Postproduktion: Andreas Scherling
Studio: White Mountain Studio, München